Fränkischer Albverein (Hrsg.) · Auf dem Jakobsweg

JAKOBUS-LIED

1. Heil'ger Jakobus, wir rufen heut' an deinen Namen:
Sieh her auf alle, die zu diesem Heiligtum kamen!
Tritt für uns ein - Gott möge gnädig uns sein!
Führ' uns den guten Weg! Amen!

2. Heil'ger Jakobus, als erster zum Zeugen berufen!
Führe auch uns zu der Jüngerschaft heiligen Stufen!
Sei du uns Licht, laß uns im Dunkeln doch nicht,
wenn wir vertrauend dich rufen!

3. Heil'ger Jakobus, als erster gabst du einst dein Leben,
nahmst an den Kelch, der gefüllt mit den bitteren Reben.
Laß deinen Tod Zeugnis für uns sein in Not,
daß auch wir Gott alles geben!

4. Heil'ger Jakobus, auf Tabor vom Lichte ergriffen -
ratlos am Ölberg bei denen, die flohen und schliefen:
Sende uns Kraft, wenn wir in Zweifel erschlafft,
führ' uns hin zu Glaubenstiefen!

5. Heil'ger Jakobus, vom Herren berufen zu heilen,
der Menschen Wege zu gehen auf viel tausend Meilen,
Krankheit und Not mächtig zu wenden in Gott,
Herzen bewegen zum Teilen.

6. Heil'ger Jakobus, Begleiter der Pilger auf Erden!
Lehr' unterscheiden uns, folgen den göttlichen Werten!
Führ' uns zur Quell' - daß wir gereinigt und heil
Brunnen für andere werden!

Melodie: Lobe den Herren, den mächtigen König der Ehren - Gottelob Nr. 258
Text: Wolfgang Schneller, Oberdischingen (frei nach dem alten Pilgerlied des
"Codex calixtinus"/Santiago de Compostela)

Fränkischer Albverein (Hrsg.)

AUF DEM JAKOBSWEG

von Nürnberg über Heilsbronn
nach Rothenburg o.d.T.

bearbeitet von Manfred Bayer, Paul Geißendörfer,
Rüdiger Scholz und Wolfram Unger

© Verlag Seehars, 97215 Uffenheim
Auf dem Jakobsweg

1. Auflage 1995
Gesamtherstellung: Schneider Druck GmbH, Rothenburg o. d. T.
ISBN: 3-927598-18-6

Inhalt

Vorwort des Herausgebers

Bis vor etwa drei Jahren tat sich ein Wanderer noch sehr schwer, das Teilstück des mittelalterlichen Jakobsweges zwischen Nürnberg und Rothenburg o.d.T. zu finden. 1992 hat der Heilsbronner Pfarrer Paul Geißendörfer diesen traditionsreichen Pilgerweg durch das westliche Mittelfranken jahrhundertelanger Vergessenheit entrissen und als „geistlichen Wanderpfad" wiederbelebt. Sein Mitstreiter im Kirchenvorstand, Rudolf Hake, zugleich Vorsitzender des Heilsbronner Heimatvereins, führte schon bald darauf Gruppen durch das weitgehend unmarkierte Gelände. Orientierung boten die sechs evangelischen Jakobskirchen entlang des Weges in Nürnberg, Oberweihersbuch, Heilsbronn, Weihenzell, Häslabronn und Rothenburg.

In diesen Pfarrgemeinden wurden zudem Konzerte, Kirchenführungen und spezielle Pilgerandachten angeboten. Bald brachten die „Jakobspfarrer" ein gemeinsames Informationsblatt über den alten Wallfahrerpfad und ihre Kirchen heraus, dessen Auflage schon 1994 über 40 000 Exemplare erreichte. Was noch fehlte, war eine verläßliche Wegführung, der sich jeder Einzelwanderer problemlos anvertrauen konnte.

Heinz Roth von der Kirchengemeinde St. Sebald in Nürnberg schuf als erster eine exakte Wegebeschreibung, die er dem Fränkischen Albverein (FAV) als Markierungsgrundlage zur Verfügung stellte. Dieser schon 1914 gegründete Wander- und Heimatverein, der seit über 80 Jahren für das Wegenetz in Mittelfranken (inzwischen mehr als 5 000 km) zuständig ist, beauftragte mit der Durchführung seinen Bezirkswegemeister Werner Junken. Ihm und seinen Helfern war es zu danken, daß der ehemalige Pilgerweg durch das westliche Mittelfranken in einer Länge von ca. 90 km im Frühjahr 1995 durchgängig mit einer weißen Muschel auf blauem Grund gekennzeichnet wurde. Das Markierungszeichen ist übrigens der großzügigen Spende des Vereinsmitglieds Werner Düll aus Nürnberg zu verdanken.

Die Wiederbelebung des „mittelfränkischen Camino" hat demnach viele Väter, von denen stellvertretend nur einige namentlich genannt werden konnten und deren Vorarbeiten erst die Herausgabe dieses Büchleins ermöglichten. Schon zur feierlichen Eröffnung und Erstbegehung des neu markierten Weges vom 21. bis 25. Juli 1995 brachte der Fränkische Albverein ein Faltblatt mit Wegebeschreibung und Kartenskizzen heraus. Manfred Bayer, der Hauptwanderwart des Vereins, zeichnet auch im folgenden für die Erläuterung des Streckenverlaufs verantwortlich. Er ist als Autor verschiedener Wanderbücher des FAV für diese Aufgabe prädestiniert.

Wegen der kulturellen Bedeutung des Jakobsweges setzten sich Herausgeber und Verlag das Ziel, mehr als einen reinen Wanderführer zu bieten. So konnte für den Hauptteil des Inhalts mit Rüdiger Scholz M.A., ein Kunsthistoriker gewonnen werden, der den Leser nicht nur in die Geschichte der Jakobswallfahrt einführt, sondern auch detailliert die Kulturdenkmäler am Weg erklärt. Dem Anspruch eines „Pilgerwanderweges" werden geistliche Einstimmung durch Pfarrer Paul Geißendörfer und Kurzandachten zu den einzelnen Jakobskirchen gerecht.

Die Illustrierung der Texte ist im wesentlichen den beiden FAV-Mitgliedern Michail Mischustov und Christian Neumeister zu danken, die ihre Hobbies Fotografieren und Wandern gekonnt zu verbinden verstehen.

Wolfram Unger
(Vorsitzender des Fränkischen Albvereins)

Geistliche Einstimmung:
Der Jakobsweg als Pilgerstraße

Die Einladung zur „Pilgerschaft" auf einem der fränkischen Jakobswege hat einen geistlichen Hintergrund. Sie ist keine Werbung für ein kommerzielles Unternehmen im Bereich des Tourismus. Wäre sie es, hätte sie nur unter hohem Kostenaufwand zu dieser Beachtung in der Öffentlichkeit geführt. Presse, Rundfunk und Fernsehen haben sich um diese Thematik in ungeahnter Weise angenommen und die Idee zur Belebung des Jakobsweges in der ganzen Bundesrepublik bekannt gemacht. Das Interesse dürfte der Beweis dafür sein, daß der heutige Mensch auch den Weg nach innen sucht.

Der mittelalterliche Jakobsweg hat viele Zweige aber nur ein Ziel. Ein großes Wegenetz breitet sich über ganz Europa und führt nach dem nordspanischen Wallfahrtsort Santiago de Compostela. Der kleine Ausschnitt zwischen Nürnberg und Rothenburg über Heilsbronn ist nur ein Teilstück des Gesamtweges. Aber es hat durch seine Wiederbelebung seit 1992 einen Beitrag geleistet, bereits anderswo Vorhandenes aufzugreifen und weitere Möglichkeiten für unsere Zeit zu erschließen.

Die Idee hat einen geistlichen Hintergrund, sagten wir. Wanderwege und historische Straßen gibt es genug. Es ging also nicht darum, ihnen einen weiteren hinzuzufügen, einen Weg, der in die Weite führt. Er will uns die biblische Botschaft ins Gedächtnis rufen, daß wir hier keine bleibende Stadt haben, sondern die zukünftige suchen (Hebr. 13,14) und daß unsere Heimat im Himmel ist (Phil. 3,20). Der Weg und seine Begehung hat einen geistlichen Charakter.

Inzwischen ist eine große Zahl einschlägiger Literatur erschienen. Auf drei Veröffentlichungen weise ich empfehlend hin, die zum Verständnis unseres Anliegens besonders hilfreich erscheinen: Es sind die Bücher von Peter Müller: „Wer aufbricht, kommt auch heim - vom Unterwegssein auf dem Jakobsweg" (1993), von Werner Schaube: „Unterwegs triffst du das Ziel - ein Aufbruch-Lesebuch" (1993) und von Walter Nigg: „Des Pilgers Wiederkehr" (1992).

Wir haben den Gedanken des Pilgerns aufgegriffen und mit diesem Stück Jakobsweg verbunden. Der heutige Mensch ist ständig unterwegs in Beruf und Freizeit. Er nutzt die modernsten Verkehrsmittel zu Land, Wasser und Luft. Für ihn ist die Welt klein geworden. In kürzester Zeit befindet er sich in einem anderen Land oder Kontinent, ja sogar im Weltraum. Unzählige Menschen sind in der ganzen Welt auf der Flucht. Wer denkt über sein Unterwegssein nach - ist es Glück, Last oder Schicksal?

Walter Nigg schreibt: „Der heutige Wanderer vermochte den trostlosen Ablauf der Entwicklung nicht zu durchbrechen, er läuft im Grunde seinem eigenen Schatten nach. Der christliche Pilger dagegen kennt eine ganz bestimmte, religiöse, außerhalb ihm liegende Zielsetzung, was etwas grundsätzlich anderes ist. Auch heute wieder steht der christliche Mensch zwischen Zeit und Ewigkeit." Dieses Wissen gibt uns eine neue Sicht unserer Existenz und unseres Lebenssinnes.

Der Jakobsweg zwischen Nürnberg und Rothenburg über Heilsbronn führt durch Wiesen, Felder und Waldgebiete. Er berührt Ortschaften und kulturreiches Land in Mittelfranken. Wir laden ein zur „Pilgerschaft", zum Betrachten der am Wege liegenden Jakobskirchen, zum Besuch der Gottesdienste und der kirchenmusikalischen Veranstaltungen. Der hier vorgestellte Weg möge sich fortsetzen über Nürnberg und Rothenburg hinaus, um so zur Begegnung zwischen Menschen und Gemeinden zu werden. Er hat menschen-, gemeinde-, konfessions- und völkerverbindende Möglichkeiten. Vielleicht kann uns der Jakobsweg auch heute wieder Hilfe sein, geistliche Orientierung nicht unbedingt bei den östlichen Religionen zu suchen, sondern wieder aus den tiefen Quellen des Christentums zu schöpfen.

Paul Geißendörfer

Jakobswallfahrt von den Anfängen bis heute

Einführung

Eine Wallfahrt, das meint eine fromme Reise zu besonderen religiösen Verehrungsstätten. Im Mittelalter gab es drei große Wallfahrtsziele: Jerusalem, Rom und Santiago de Compostela mit dem Grab des hl. Jakobus des Älteren. Der *Pilger,* lat. peregrinus, galt als „der Fremde", der die Heimat verlassen hatte, um heilige Erinnerungsstätten, Personen, mitunter auch Bilder aufzusuchen. Für eine mittelalterliche Pilgerreise konnte es mehrere *Motive* geben. Neben der Reliquienverehrung zur Erlangung religiösen Seelenheils konnten ein Gelöbnis oder eine testamentarische Auflage zur Pilgerfahrt veranlassen. Darüberhinaus hatte auch das mittelalterliche Rechtssystem die Möglichkeit, einen Delinquenten zur Sühne schwerer Vergehen auf Wallfahrt zu schicken.

Geschichte der Verehrung des hl. Jakobus d. Ä.

Jakobus der Ältere wurde zusammen mit seinem Bruder Johannes durch Jesus in den Kreis der 12 Apostel berufen. Den Evangelienberichten zufolge war er Zeuge der Verklärung Christi auf dem Berg Tabor (Mt 17,1ff.) und begleitete ihn in den Garten Gethsemane (Mt 26,37). Nach dem Pfingstgeschehen ging Jakobus d.Ä. nach Jerusalem, wo er als Leiter der christlichen Gemeinde wirkte. Um das Jahr 44 wurde er als erster Märtyrer unter den Aposteln auf Befehl des Herodes Agrippa I. enthauptet (Apg. 12,2).

Es sind jedoch weniger die biblischen Berichte, die im folgenden die *Grundlage der Jakobsverehrung* bilden. Nach dem Tode des Apostels entstanden eine Reihe legendenhafter Erzählungen, mit denen sein Leben ausgeschmückt und bereichert wurde. Von diesen ist die Legenda Aurea, ein um 1270 verfaßtes Kompendium mittelalterlicher Heiligenlegenden, zwar nicht die älteste, aber doch populärste Quelle. Ihr zufolge wurde der hl. Jakobus ausgesandt, um auf der iberischen Halbinsel das Evangelium zu verbreiten. Seine Mission verlief allerdings wenig erfolgreich, so daß er schon bald nach Palästina zurückkehrte. Nach seinem Tode soll der Leichnam des Apostels in einem unbemannten Boot an die Küste Galiciens gelenkt worden sein. Erst dort fand der Heilige seine letzte Ruhestätte.

Der Tag des hl. Jakobus ist der 25. Juli, der wahrscheinlich die Ankunft seiner sterblichen Überreste in Galicien bezeichnet. Jakobus wird in erster Linie als Patron der Ritter und Pilgerreisenden verehrt, nimmt darüberhinaus aber noch zahlreiche Sonderpatronate ein.

Der Glaube an die spanische Mission des Jakobus begegnet uns bereits in Schriftquellen des späten 7. Jahrhunderts. Der asturische Mönch Beatus von Liébana bezeichnete den Heiligen Ende des 8. Jahrhunderts erstmals als spanischen Landespatron. In diesem Zusammenhang ist die *Auffindung der vermutlichen Grablege* zu sehen, die den Ausgangspunkt der Jakobsverehrung bildete. Um das Jahr 820 wurden die Gebeine des Heiligen in der Nähe von Iria Flavia, dem heutigen Padrón (Galicien), auf ein wunderbares Zeichen hin entdeckt. Der regierende Adefonsus II. (789-842) ließ schon kurze Zeit später eine erste Kirche über der Grabstätte errichten. Der hl. Jakobus gab dem späteren Santiago (= Sankt Jakob) seinen Namen; der Zusatz Compostela wird heute u.a. von „compostum" abgeleitet, der lateinischen Bezeichnung für „Begräbnisstätte".

Die *spanische* Jakobsverehrung stand von Anfang an im Zeichen des politischen Kampfes um die Reconquista, die Rückeroberung der islamisch besetzten Gebiete in Spanien. 844 soll der Heilige in Gestalt eines Ritters erschienen sein, um den Christen in der Schlacht von Clavijo gegen die Mauren beizustehen. Seither galt Jakobus als der „Maurentöter" und wurde als Ritterpatron verehrt.

Im 11. Jahrhundert etablierte sich die Jakobsverehrung, 1075 wurde mit dem Bau der romanischen Kathedrale in Santiago begonnen. Das „Heilige Jahr", in dem der 25. Juli auf einen Sonntag fällt, wurde erstmals 1119 und beständig ab 1179 eingerichtet. Wer das Apostelgrab in einem solchen Jahr besuchte, dem war die Vergebung seiner Sünden garantiert. Die Santiago-Wallfahrt erreichte im 13. Jahrhundert ihren Höhepunkt. Als Papst Sixtus IV. (1471-1484) die Wallfahrtsorte Jerusalem, Rom und Santiago offiziell für gleichrangig erklärte, war dies den christlichen Pilgern schon lange selbstverständlich.

Im deutschen Sprachgebiet fand der Jakobskult frühzeitig Verbreitung. Bereits Notker der Stammler (gest. 912), der berühmte Gelehrte des Klosters St. Gallen, wies ausdrücklich auf die Jakobsverehrung in oberdeutschen Gegenden hin. Ihre Zentren waren das mittelrheinische und das bayerische Gebiet. In Oberfranken begegnet uns der hl. Jakobus als Patron einer besonderen Gruppe von Wehrkirchen; unter dem religiösen Schutz des „Maurentöters" und Ritterpatrons sollten sie die Grenze zu den benachbarten Slawen sichern. Der Jakobus-Forscher H. J. Hüffer (1955) zählte noch 110 Jakobspatrozinien für den bayerischen Raum. K. Kolb (1973) vermutete annähernd die gleiche Zahl an Jakobskirchen und -kapellen allein in Franken. Ab dem Jahr 1000 erfolgten zahlreiche Klöster- und Kirchengründungen zu Ehren des Heiligen, so in Franken etwa 1065 die Jakobskirche in Bamberg.

Im 12. Jahrhundert gewann der Jakobskult im Reich unter den Staufern auch politisch an Bedeutung. Für die geplante Heiligsprechung Karls des Großen ließ Kaiser Friedrich Barbarossa dessen Lebensbeschreibung verfassen, in der Karl als legendärer Entdecker und erster Pilger des Jakobsweges geschildert wird. Der hl. Jakobus soll ihm im Traum erschienen sein mit dem göttlichen Auftrag, den Weg entlang der „Sternenstraße" (Milchstraße) nach Santiago von den Mauren zu befreien. Dabei konnte sich die staufische Vita Karls auf den Liber Sancti Jacobi,

Pilgerhut des Stephan III. Praun, 1571

12

auch Codex Calixtinus genannt, berufen. Im 4. Buch dieser 1139 zusammengestellten Textsammlung wird Karl der Große bereits als legendärer Gründer der Kathedrale von Santiago gefeiert. Zu einer ganzen Reihe prominenter Wallfahrer gesellten sich im 12. Jahrhundert auch die Kreuzritter, die im Kampf gegen die Mauren gelegentlich nach Santiago „pilgerten".

Mit der staufischen Propaganda erreichte das deutsch-spanische Pilgerwesen im 13. Jahrhundert seinen Höhepunkt. Manche Jakobspatrozinien sind in diesen Zusammenhang einzuordnen: So entstand etwa die Nürnberger Jakobskirche in Verbindung mit dem benachbarten Königshof, die Jakobskapelle in Rothenburg wurde im mutmaßlichen Bereich des Wirtschaftshofes, der zur Stauferburg gehörte, errichtet.

Ab dem 15. Jahrhundert häufen sich die Nachrichten über Santiago-Pilger aus Franken. Der früheste, namentlich bekannte ist Nikolaus Rummel aus Nürnberg, der sich zusammen mit einem Freund 1408/09 auf Pilgerreise befand. Der Nürnberger Patrizier Peter Rieter verbrauchte 1428 ganze „dritthalb hundert Dukaten", wie in seinen Reiseerinnerungen zu lesen ist. Der prominenteste Nürnberger Jakobus-Wallfahrer des 15. Jahrhunderts war der Arzt und Naturwissenschaftler Hieronymus Münzer. Er machte sich 1494 auf den Weg, um der in Nürnberg drohenden Pest zu entgehen.

Gegen Ende des Mittelalters wandelte sich das Bild des Santiago-Pilgers. Der religiöse Aspekt der Wallfahrt scheint an Bedeutung verloren zu haben, zusehends bevölkerten Entdeckerfreudige, Abenteuerlustige, Kavaliersreisende und Händler die Wege nach Santiago. Die Jakobswallfahrt geriet zusehends in Verruf. Ein „Jacobswirt" etwa galt im Sprachgebrauch als einer, der den Wein mit Wasser verdünnte.

Die Reformation stand der Heiligenverehrung mit allgemeiner Skepsis gegenüber. Luther persönlich riet davon ab, zum Grab des hl. Jakobus zu pilgern, „...dann man waißt nit ob sant Jakob oder ein todter hund oder ein todts roß da liegt...".

Erst mit der katholischen Reformbewegung („Gegenreformation"), die sich nach der Mitte des 16. Jahrhunderts besonders auf Bayern und die geistlichen Fürstentümer stützte, fand die Wallfahrt wieder wachsendes Interesse. In einer Zeit der politischen und religiösen Unsicherheit gab der traditionelle Wert frommer Reliquienverehrung den Menschen einen sicheren Halt.

Gegen Ende des alten Reiches waren Josephinismus, Französische Revolution und Säkularisation dem Pilgerwesen wenig förderlich. Die Obrigkeit war bestrebt, das Wallfahrtstum auf lokale Verehrungsstätten umzulenken.

In Santiago selbst waren die Reliquien des hl. Jakobus Ende des 16. Jahrhunderts aus Angst vor englischen Überfällen versteckt worden. Bis ins 19. Jahrhundert scheint der Aufbewahrungsort in Vergessenheit geraten zu sein. Erst 1879 wurden sie wiederentdeckt. Papst Leo XIII. ließ die Reliquien nach langen Untersuchungen 1884 schließlich für echt erklären. Dies führte zu einem Wiedererstarken der Jakobswallfahrt, die im Laufe unseres Jahrhunderts zusehends touristische Züge annahm.

Jakobswege und Pilgerwesen

Spricht man heutzutage von d e m Jakobsweg, so sind zunächst alle Pilgerwege gemeint, die den Wallfahrer nach Santiago führen konnten. Der Reiseverlauf ließ sich individuell gestalten und orientierte sich dabei meist an bedeutenden Wallfahrtsorten entlang der Strecke. Richtungsgebend waren im allgemeinen die großen Fern- und Handelsstraßen, die ein bequemes und sicheres Vorwärtskommen ermöglichten. Zahlreiche Jakobswege lassen sich heute anhand der kirchlichen Jakobspatrozinien, der Pilgerherbergen und Spitäler rekonstruieren, wenn sie in bestimmten Abständen voneinander entfernt liegen.

Der große Zustrom der Santiago-Pilger ließ in Frankreich und Spanien bald jene Hauptrouten entstehen, die die Reisenden aus aller Herren Länder sammelten und entlang der großen Kathedralen nach Santiago führten. Der wichtigste Pilgerführer, der bereits genannte Liber Sancti Jacobi, beschreibt sie in seinem 5. Buch.

Von den vier französischen Hauptrouten führt die erste, „Via Turonensis", von Chartres und Paris kommend nach Tours, von dort über mehrere Stationen nach Ostabat. Die zweite Pilgerstraße, „Via Lemovicensis", geht von Vézelay aus und die dritte, „Via Podensis", von Le Puy; beide vereinigen sich in Ostabat mit der ersten Route. Von hier aus gelangten die Reisenden auf den Paß von Roncevaux (span. Roncesvalles), der sie über die Pyrenäen nach Spanien brachte. Die vierte französische Pilger-

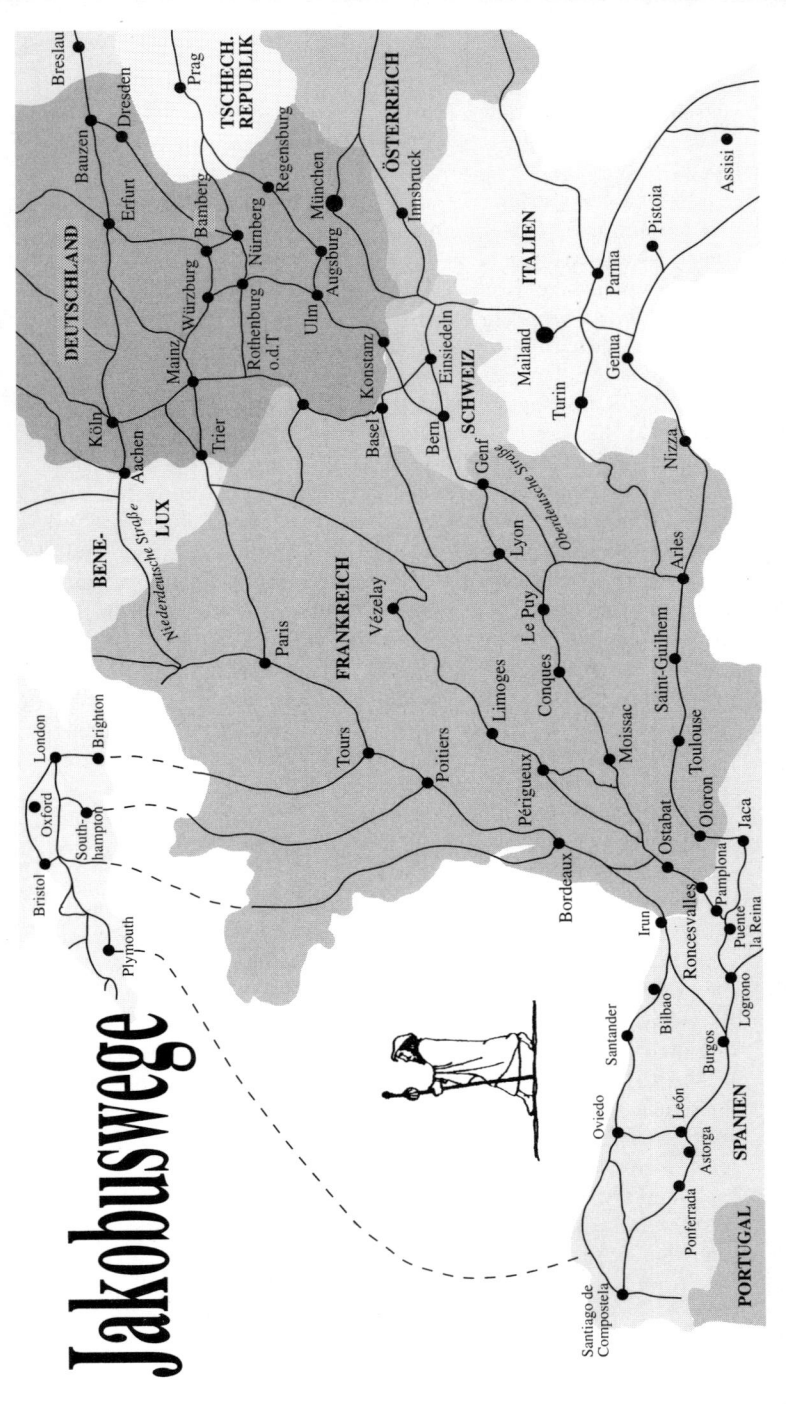

straße, „Via Tolosana", führt von Arles und Saint-Gilles über Toulouse zum zweiten begehbaren Pyrenäenpaß, dem von Somport.

In Spanien treffen sich die von Frankreich herkommenden Wege in Puente la Reina. Ab hier gibt es den einen Jakobsweg, auch „Französischer Weg" oder „Königsweg" genannt. Auf ihm gelangt man über Burgos, León und viele weitere Städte nach Santiago de Compostela. Im Laufe der Zeit etablierten sich andere namhafte Jakobswege, so in Spanien die „Silberstraße" (von Südosten her) oder der „Portugiesische Weg" (von Süden her). Pilger aus England reisten per Schiff, entweder bis zur französischen Küste (z.B. Bordeaux), oder direkt nach Spanien zur Hafenstadt La Coruña („Englischer Weg").

Für das deutsche Sprachgebiet kennen wir zunächst eine „Oberstraße" und eine „Niederstraße", über deren Verlauf uns die Reisebeschreibung des Servitenmönches Hermann Künig von Vach (Werra) aus dem Jahr 1495 unterrichtet. Insgesamt scheint es in Deutschland drei wichtige Sammelpunkte für Pilgerreisende gegeben zu haben: Im Norden waren dies die Hansestädte, von wo aus man per Schiff zunächst nach Südfrankreich, seltener direkt bis nach Galicien fuhr. Die „Niederstraße" nahm ihren Ausgang in Aachen und führte die Wallfahrer nach Chartres bzw. Paris auf den ersten französischen Pilgerweg. Sammelpunkt für den Süden war das Kloster Einsiedeln; von hier aus gelangte man auf der „Oberstraße" durch die heutige Schweiz und weiter über Valence nach Saint-Gilles auf die vierte französische Hauptroute.

Die meisten mittelalterlichen Pilgerberichte machen allerdings nur sparsame Angaben zum Verlauf der alten Jakobswege. Der Schwerpunkt ihrer Schilderungen liegt auf der Darstellung des Unbekannten, Fremdartigen. Auffallend häufig finden sich Hinweise auf Gefahren, die dem Pilgerreisenden begegnen konnten. Neben den Naturgewalten waren es vor allem die räuberischen Überfälle durch Wegelagerer oder das unehrliche Verhalten mancher Wirtsleute. Die zunehmende Unsicherheit auf den Straßen hatte entscheidenden Anteil am Niedergang des Pilgerwesens im ausgehenden 15. Jahrhundert.

Unterstützung in der Fremde fand der Pilger bei den Jakobsbruderschaften, die Herbergen und Spitäler unterhielten und die sich auch als Stifter von Jakobskapellen hervortaten.

Pilgerkleidung Stefan III. Praun, um 1570

In Frankreich sind Jakobsbruderschaften seit dem 12., in Deutschland seit dem 15. Jahrhundert belegt. Mitglied in einer solchen Bruderschaft konnte anfangs nur der werden, der selbst eine Santiago-Wallfahrt absolviert hatte. Im fränkischen Raum sind rund ein Dutzend Jakobsbruderschaften nachweisbar. Übernachtungsmöglichkeiten boten sich dem Pilger auch in Klöstern und solchen Spitälern, die von Ritterorden getragen wurden.

Die Ausrüstung des Pilgers war zunächst die gewöhnliche Reisetracht. Erst durch spätere bildliche Darstellungen wurde sie zum Inbegriff der Pilgerkleidung mit Wanderstab, Beutel und Trinkflasche. Die gut erhaltene Pilgerausstattung des Nürnbergers Stefan III. Praun ist im Germanischen Nationalmuseum

17

Nürnberg zu besichtigen. Das Zeichen der Pilgerschaft war die Muschel, die der Jakobspilger an der Hutkrempe oder an seiner Kleidung befestigt trug. Diese Sitte soll nach einer mittelalterlichen Legende auf einen Ritter zurückgehen, der dem hl. Jakobus und seinen Schülern folgte: nach der Durchquerung eines Meerarmes soll dieser „erste Pilger" von Kopf bis Fuß mit Muscheln bedeckt gewesen sein. Heute ist die Pilgermuschel das Zeichen für die religiöse Wallfahrt schlechthin.

Der mittelfränkische Jakobsweg

Die Strecke, die uns von Nürnberg über Heilsbronn nach Rothenburg o.d.T. führt, ist ein kleines Teilstück im weit verzweigten Netz der europäischen Jakobswege. Allein für den mittelfränkischen Raum gibt es nicht nur den **einen** Jakobsweg. Mehrere Routen lassen sich hier im Zeichen der Muschel erwandern und befahren. W. Lipp stellte sie im Rahmen der Jakobswege Süddeutschlands im Überblick zusammen. Wenn im folgenden doch von **dem** mittelfränkischen Jakobsweg die Rede ist, so ist der Einfachheit halber immer jene Strecke gemeint, die der Fränkische Albverein e.V. mit dem blauweißen Muschelemblem als Wanderweg gekennzeichnet hat.

Die zahlreichen Jakobspatrozinien der Kirchen und Kapellen entlang des Weges weisen darauf hin, daß hier ehedem Pilger nach Santiago unterwegs waren. Die Heiligblutreliquie der Jakobskirche in Rothenburg, die den Pilgerreisenden zum frommen Besuch veranlaßte, war sicherlich eine der Hauptattraktionen dieser Strecke. Neben dem berühmten Heiligblutaltar Tilman Riemenschneiders befand sich ehemals ein zweiter Altar, der dem hl. Jodokus geweiht war. Dieser galt zusammen mit Jakobus d.Ä. als meist verehrter Pilgerheiliger. Ein wichtiger Stützpunkt für den Reisenden war die Rothenburger Pilgerherberge. Im Mittelalter bot man hier dem einfachen Pilger ein Massenquartier im Erdgeschoß, der vornehme Pilger logierte im Obergeschoß etwas komfortabler. In Heilsbronn konnten die Wallfahrer im Kloster selbst oder im Spital, dessen Kapelle heute noch erhalten ist, untergebracht werden. Nürnberg hatte mit St. Martha und Heilig-Kreuz gleich zwei eigene „Pilgrimspitäler".

Der mittelfränkische Jakobsweg stand ehemals in Verbindung mit zwei bedeutenden mittelalterlichen Handelsstraßen. Ihren Ausgangspunkt nahmen beide in Breslau. In Bautzen verzweigten sie sich in Richtung Frankfurt a.M. (über Leipzig und Erfurt) und Nürnberg (über Hof). Beide waren zugleich wichtige Jakobspilgerstraßen, wie anhand der Jakobspatrozinien entlang der Wege nachgewiesen werden konnte. Die Handelsstraßen setzten sich nach Süden über Heidelberg bzw. Donauwörth weiter fort. Folgt man nun dem mittelfränkischen Jakobsweg von Nürnberg aus nach Westen, so gelangt man in Verlängerung der Strecke über Rothenburg bis nach Heidelberg. Von dort aus konnte man entweder in Richtung Westen über Aachen auf die „Niederstraße" nach Paris oder über die Handelsstraße nach Süden zum Kloster Einsiedeln und weiter über die „Oberstraße" nach Saint-Gilles kommen. Die großen französischen Pilgerstraßen leiteten den Reisenden dann jeweils weiter in Richtung Santiago.

R. Plötz zählte die Jakobskirchen in Weihenzell und Häslabronn, die beide entlang unserer Strecke liegen, zu einer Reihe von Wegekapellen und -kirchen, die die frühmittelalterliche Reichs- und Geleitstraße von Böhmen her über Nürnberg bis nach Spanien säumten. Demzufolge wäre der mittelfränkische Jakobsweg das Teilstück einer europaweiten Ost-West-Verbindung, die von Prag bis nach Santiago reicht.

Möglicherweise bereiste schon der Nürnberger Patrizier Gabriel Tetzel 1465 die Wegstrecke zwischen Nürnberg und Rothenburg o.d.T. als Jakobspilger. Er schloß sich in Nürnberg der von Prag kommenden Reisegruppe des Leo von Rožmital an, eines Schwagers des böhmischen Königs. Tetzel wie auch der Böhme Slasek verfaßten je einen Reisebericht, der die Stationen des Weges wiedergibt. Demnach pilgerte die Gruppe über Nürnberg nach Heidelberg. Es ist anzunehmen, daß dabei der direkte Weg über Rothenburg o.d.T., also der mittelfränkische Jakobsweg gegangen wurde. Von Heidelberg aus reiste die Gruppe in nördliche Richtung über Mainz, Köln und Aachen, um weiter nach England zum Grab des Thomas von Canterbury zu gelangen. Erst nach mehreren Umwegen, die meist mit Aufenthalten an verschiedenen fürstlichen Höfen verbunden waren, gelangte die Reisegesellschaft schließlich nach Santiago.

Jakobusverehrung in Franken (Karte: Manfred Zentgraf)

Unterneubrunn

usen

Holzhausen

ale

Tschirn Geroldsgrün Berg

Coburg

Oberkotzau

Fischbach Enchenreuth

Main Rugendorf

Herreth Küps Guttenberg Weissenstadt

Lichtenfels Marktschorgast

Schönbach Wohnsig Bernstein

Baunach Ebing Neudrossenfeld

ossenfurt Königsfeld Obernsees

Teuchatz Kirchenpingarten

Viereth Nankendorf

Niedermirsberg Kirchahorn Creussen

Bamberg Burkardsreuth

urg-vindhm. Elbersberg Thurndorf

Herrnsdorf Leutenbach Bronn

Etzelskirchen Thuisbrunn

ausen Kirchrüsselbach

Uehlfeld Marloffstein

ofen Reichenschwand

Oberweihersbuch Nürnberg Schönberg

enzell Heilsbronn Feucht Sindlbach

Dürrenmungenau

tenmuhr Abenberg

Neuenmuhr

Kirchen, Kapellen
(katholisch)

Kirchen
(evangelisch)

Kirchen abgegangen

Epitaphe, Bildstöcke
u. a. Zeugnisse

Greding Altmühl

– – – – Markierter Jakobsweg in Franken

Jakobswallfahrt heute

In jüngster Zeit erlebt das Wallfahrtswesen starken Aufschwung. Die Wissenschaft, die sich der Erforschung der Jakobswallfahrt seit den fünfziger Jahren intensiv angenommen hat, leistet bis heute wichtige Beiträge zum Verständnis des mittelalterlichen Pilgerwesens. In den letzten Jahren reisten mehrere tausend Menschen aus über 20 veschiedenen Ländern zu Fuß oder mit dem Fahrrad nach Santiago. 1987 erklärte der Europarat den Jakobsweg zur Europäischen Kulturstraße. In der Folgezeit entstanden eine Reihe von Jakobus-Gesellschaften und -Vereinen, die das gegenwärtige Interesse an der Wallfahrt nach Santiago widerspiegeln.

H. J. Hüffer, einer der besten Kenner der deutschen Jakobswallfahrt, wies immer wieder auf deren grundlegenden Beitrag zur gesamteuropäischen Idee hin: „Möchte man sich heute, da weiteste Kreise einen engeren Zusammenschluß des westlichen Europas als dringende Notwendigkeit betrachten, der völkerumfassenden Verehrung St. Jakobs wieder erinnern!" In diesem Sinne gilt es auch für uns, den mittelfränkischen Jakobsweg als Teil jener Pilger- und Kulturstraße zu erwandern, die Europa seit dem Mittelalter in Santiago am Grab des hl. Jakobus zusammengeführt hat.

Verlauf des markierten Jakobsweges in Mittelfranken

Allgemeines zur Gesamtstrecke

Wie oben dargestellt wurde, gab es zum Grab des Jakobus des Älteren in Santiago ein Netz von Pilgerwegen über ganz Europa. Ein kleines Teilstück daraus führte von Nürnberg über Heilsbronn nach Rothenburg o.d.T. Dieser „mittelfränkische Camino" wurde wiederbelebt und vom Fränkischen Albverein durchgehend mit einer weißen Jakobsmuschel auf blauem Grund gekennzeichnet. Er verläuft durch Wiesen, Felder, Hügelland und

22

Waldstücke, wobei er kultur- und geschichtsträchtige Orte, vor allem aber Jakobskirchen miteinander verbindet.

Wenn auch die „Jakobsmuschel" als Leitsymbol den Weg begleitet, ist es trotzdem ratsam, zusätzlich Wanderkarten und einen einfachen Kompaß als Hilfen mitzunehmen. Die Fritsch-Wanderkarten im Maßstab 1:50000 - Nr. 75 „Nürnberg" und Nr. 70 „Landkreis Ansbach, Blatt Nord" (erhältlich im Buchhandel) decken die gesamte Strecke ab. Über den Fränkischen Albverein (Nürnberg) ist zudem das Faltblatt „Jakobsweg" mit Streckenskizzen und genauen Etappenbeschreibungen zu erhalten.

Eisenbahnanschlüsse bestehen in Roßtal, Heilsbronn, Schweinsdorf und Rothenburg; viele der übrigen Orte sind mit Bussen erreichbar. Alle notwendigen Informationen sind im Kursbuch für Mittelfranken zu finden.

Von einer Vorgabe der Wanderung in festen Tagesetappen wurde im folgenden abgesehen, weil jeder „Jakobspilger" sein individuelles Tagespensum je nach Leistungsfähigkeit bestimmen wird. Die vorgeschlagene Gesamtstrecke von 89 km (bzw. mit der lohnenden Erweiterung vor Rothenburg: 101 km) wird mit Zwischen-Kilometern aufgeteilt und mit Hinweisen zu Übernachtungen (Ü) und Einkehrmöglichkeiten (E) versehen. Da es hierbei erfahrungsgemäß schnell Änderungen geben kann, sei auf den jeweils aktuellen Informationsprospekt der Tourist Information Romantisches Franken (Ansbach) zum Jakobsweg verwiesen.

Wanderstrecke: (Nürnberg) - Stein/Deutenbach (E) - 1,5 km - Oberweihersbuch (E) - 3 km - Unterbüchlein (E) - 5 km - Weitersdorf (E) - 2 km - Roßtal (E, Ü) - 3,5 km - Buttendorf (E) - 3 km - Fernabrünst (E) - 2,5 km - Wendsdorf (E) - 2 km - Bürglein (E) - 0,5 km - Böllingsdorf - 5 km - Heilsbronn (E, Ü) - 7 km - Großhaslach (E) - 3,5 km - Reckersdorf - 2 km - Forst (E) - 3 km - Weihenzell (E, Ü) - 3 km - Wernsbach (E, Ü nach Voranmeldung im Ansbacher Kinderheim) - 3 km - Röshof (E) - 2,5 km - Buhlsbach (E) - 3 km - Lehrberg (E, Ü) - 2 km - Unterheßbach - 4 km - Häslabronn (E, Ü nach Voranmeldung bei Fam. Berger) - 5 km - Colmberg (E, Ü) - 3 km - Oberhegenau - 2 km - Binzwangen (E, Ü) - 3 km - Stettberg (E) - 6 km - Karrachmühle - 4 km - Wachsenberg (E, Ü) - 5 km - Rothenburg o.d.T. (E, Ü).

Lohnende Erweiterung: Wachsenberg (E, Ü) - 4 km - Schweinsdorf (E, Ü) - 7,5 km - Steinbach (E, Ü) - 2,5 km - Detwang (E) - 1
km - Bronnenmühle (E) - 2 km - Rothenburg o.d.T. (E, Ü).

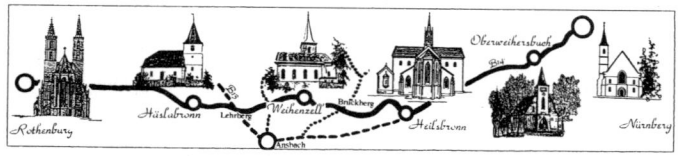

Start in Nürnberg:
St. Jakob und zwei Pilgerherbergen

Nürnberg als wichtige Station im mittelalterlichen Netz der Jakobswege ist unser eigentlicher Ausgangspunkt. Um 1040 grün-
dete Heinrich III. auf königlichem Eigengebiet die Burg, 1050
datiert die erste urkundliche Erwähnung als „Nuorenberc" („fel-
siger Berg"). Von der Siedlung unterhalb der Burg nahm die
Stadtentwicklung auf der „Sebalder Seite" ihren Ausgang. Unter
staufischer Herrschaft wurde Nürnberg einer der wichtigsten Orte des Reiches: die Burg wurde zur Kaiserpfalz ausgebaut, die
Stadt erlangte Zoll- und Handelsfreiheiten. Konrad III. veranlaßte die Gründung eines neuen Stadtteils östlich des Königshofes
bei St. Jakob: die „Lorenzer Stadtseite", die von der Sebalder zunächst durch die Pegnitz getrennt blieb. Friedrich II. unterstellte
die Stadt 1219 im „Großen Freiheitsbrief der Vogteiherrschaft
des Kaisers. Um 1320 wurden beide Stadthälften, die mittlerweile eigens befestigt waren, durch Überbauung der Pegnitz zusam-
mengeschlossen. Ab 1350 entstand der große Befestigungsring,
der die Stadt auch nach außen sichtbar vereinte.

1356 erfolgte der kaiserliche Erlaß der Goldenen Bulle, nach
der jeder neugewählte König seinen ersten Reichstag in Nürnberg abhalten mußte. Im 16. und Anfang des 17. Jahrhunderts erreichte die wirtschaftliche Blüte der Stadt ihren Höhepunkt. Bis
heute zeugen die Bürgerhäuser dieser Zeit vom damaligen
Wohlstand.

1806 wurde Nürnberg dem Königreich Bayern einverleibt. Im 2. Weltkrieg erlitt die Stadt als eines der Zentren national-sozialistischer Machtpropaganda schwere Verluste. Nur 9 % aller Wohngebäude blieben ohne Schaden, die Altstadt wurde nahezu verwüstet. Erst nach langfristigen, umfassenden Aufbau- und Renovierungsarbeiten konnte der mittelalterliche Stadtkern in seinem heutigen Erscheinungsbild wiederhergestellt werden.

Der knappe Überblick über die Nürnberger Stadtgeschichte muß an dieser Stelle genügen. Für Burg und Stadtbefestigung, für die bedeutenden Klöster und Kirchen mit ihrer selten reichen Ausstattung an Kunstwerken sowie für alle anderen Sehenswürdigkeiten sei auf Kunst- und Reiseführer verwiesen.

Im folgenden sollen lediglich die baulichen Zeugnisse der Nürnberger Jakobsverehrung und des Pilgerwesens vorgestellt werden.

Die **evang.-luth. Pfarrkirche St. Jakob** (Jakobsplatz 1) geht auf eine erste Kapelle zurück, die noch vor dem Jahr 1200 auf königlichem Eigengebiet entstand. Sie gehörte zum gegenüberliegenden Königshof und war mit großer Wahrscheinlichkeit bereits dem hl. Jakobus geweiht. 1209 gelangte die Eigenkirche als Schenkung König Ottos IV. an den Deutschen Ritterorden. Die-

ser hatte unmittelbar zuvor eine Nürnberger Komturei eingerichtet.

1283/90 wurde die zu klein gewordene Kapelle angeblich abgerissen und durch einen Kirchenneubau ersetzt. Um die Mitte des 14. Jahrhunderts war der Chor entsprechend seinem heutigen Aussehen vollendet. Das Langhaus entstand nach 1400 in Gestalt eines einschiffigen Saalbaus. Gegen 1500 erfolgte eine grundlegende Umgestaltung, bei der das Langhaus um zwei Joche nach Westen verlängert und das Innere zu einer dreischiffigen Halle umgebaut wurde.

Mit dem gegenüberliegenden Ordenshaus, das der Deutsche Orden auf dem Grund des ehemaligen Königshofes errichtet hatte, war die Jakobskirche bis 1632 durch einen gedeckten Laufgang verbunden. Anstelle der heutigen kath. Pfarrkirche St. Elisabeth (1784 beg.) befand sich damals die Kapelle des Deutschordens-Spitals der hl. Elisabeth. Nach der Reformation blieb die Nürnberger Komturei des Ordens als katholische Enklave bestehen. 1810, gleich nach Aufhebung des Ordens, wurde St. Jakob evang.-luth. Pfarrkirche.

1824 erfolgten bauliche Umgestaltungen im neugotischen Stil durch Karl Alexander von Heideloff (u.a. Bau der „Brauthalle" zwischen Turm und Langhaus). Im 2. Weltkrieg wurde St. Jakob weitestgehend zerstört, dabei die mittelalterlichen Kapellen der Familien Dilherr und Egloffstein ganz vernichtet. Erst 1962 konnte die vereinfacht wiedererrichtete Kirche, deren moderne Dachkonstruktion jetzt auf Langhausstützen verzichtet, neu geweiht werden.

Von der reichen Ausstattung, die während des Krieges ausgelagert war, können hier nur einige herausragende Stücke angesprochen werden.

Begeben wir uns zunächst in den Chor. Der Hochaltar entstand um 1370 und geht auf einen anonym gebliebenen Nürnberger Meister zurück. Es handelt sich um den ältesten Nürnberger Altar, der am ursprünglichen Ort seiner Bestimmung verblieben ist. Die Flügelmalereien stammen aus den Anfängen der gotischen Tafelmalerei in Nürnberg. Die Stifter, zwei unbekannte Deutschordensritter, sind in der Kreuzigungsszene auf der rechten Außenseite (bei offenen Altarflügeln rückseitig) abgebildet; der hl. Jakobus erscheint hier in der Rolle des Patronatsheiligen. Die Schreinfiguren der ansonsten verlorengegangenen Altarmit-

St. Jakob unter dem Kreuz

te sind teilweise mittelalterlich und wurden im 19. Jahrhundert
ergänzt. Bemerkenswert sind die tönernen Apostel in der Predella des Altars. Sie datieren um 1420 und bildeten ehemals eine
Abendmahlsgruppe (weitere sechs Apostel im Germanischen
Nationalmuseum Nürnberg).

Unter den Glasmalereien der Chorfenster ist die Darstellung der Wurzel Jesse von 1497 im südlichen Fenster hervorzuheben. An der Nordwand des Chors steht das Sakramentshäuschen, das um 1370 aus Sandstein gearbeitet wurde. Es diente zur Aufbewahrung des Allerheiligsten, einer konsekrierten Hostie. Gegenüber hängt das fragmentierte Lindenholzepitaph der Familien Höltzel und Ehinger (um 1510), das die Szene des Jüngsten Gerichts darstellt. Von den acht Sandsteinfiguren um 1340/50, die an den Chorwänden auf Konsolen stehen, interessiert uns vor allem der hl. Jakobus im südlichen Chorbogengewände. Zahlreiche Aufschwörschilde, die von Deutschordensrittern des 14. bis 16. Jahrhunderts anläßlich ihrer Noviziatsaufnahme gestiftet wurden, erinnern uns daran, daß die Kirche ehemals diesem Orden gehörte. Der Ritterorden hatte zum hl. Jakobus als den ritterlichen „Maurentöter" ein besonderes Verhältnis.

Im Langhaus wenden wir uns auf der Nordseite dem sog. Hagelsheimer Altar an der östlichen Stirnwand zu. Gestiftet wurde er 1516 von Sigmund I. und Leonhard II. Held, gen. Hagelsheimer. Erhalten sind lediglich die vier Flügel mit den Relieffiguren der Anna Selbdritt, Margaretha, Genoveva und Helena; sie stehen heute auf der Predella, die die Szene der Mariengeburt zeigt.

Zwölfbotenaltar

28

Der Weg ist das Ziel

Vielleicht ist es **ein** Sinn dieses Lebens, auf der Suche zu sein nach seinem letzten Sinn, seinem Ziel - dem Paradies. Wir bewegen uns wohl nur, weil wir zugleich bewegt werden von der Ahnung dieses Letzten, von einer drängenden Erwartung. Und zugleich ist das Gehen in der Zeit auch immer unmerklich Wandlung; jeder Schritt, den wir tun, ist zugleich Gottes verwandelndes Tun an uns. Wo sich das „Noch nicht" unseres Lebens mit dem „Schon jetzt" Gottes berührt - also in jeder Bewegung entlang der Sehnsucht - wird ein Augenblick der Ewigkeit erlebbar; es entsteht Geschichte als erkennbare Spur Gottes in der Zeit.

Das Volk der Israeliten, das seit Urzeiten wandernde Gottesvolk, besingt die lebendige, läuternde und wandelnde Kraft des Unterwegsseins in seinen Wallfahrtspsalmen (Ps. 120-134) und erinnert bei den drei großen jüdischen Wallfahrtsfesten immer wieder an die Gegenwart Gottes in seiner Geschichte. Singend und betend gehen sie den Weg durch Täler, Wüste, Dürre des Lebens hin zu dem Heiligtum in Jerusalem, der goldenen Stadt auf dem Zion, als Bild für Gottes Einwohnung - für den Ort, wo ER seine Hütte hat bei den Menschen.

Die Wege Jerusalems führen hindurch durch unser je eigenes Leben; unser Wandel, unsere Wandlung mag unter der Verheißung Gottes stehen, die dem Abraham im 1. Buch Mose, Kap. 17 zugesagt ist:

ICH bin der allmächtige Gott; wandle vor mir und sei ganz.

Unser Hoffen und Suchen fassen wir in ein Gebet:

Gott, unser Vater, du hast uns auf den Weg gerufen. Wir bitten dich für alle, die auf Pilgerwegen und den Wegen ihres Lebens unterwegs sind

> um offene Augen für die Wunder deiner Schöpfung und für die kleinen Freuden am Weg,
> um offene Ohren für die leisen Stimmen in uns und um uns und für deinen Anruf,
> um ein offenes Herz für die Menschen, die mit uns unterwegs sind,
> um empfängliche Sinne, daß wir Christus erkennen in allem, was uns begegnet.

Gott unser Vater, sei mit uns auf dem Weg. Laß uns auf unserer Pilgerschaft in deiner Gegenwart bleiben und nie das Ziel aus den Augen verlieren, bis wir in deinem Haus geborgen sind.

Das bitten wir durch Christus, unseren Herrn. Amen.

Communität Casteller Ring, Station Nürnberg

Die Gruppe der Anna Selbdritt über dem Hagelsheimer Altar stammt aus der Werkstatt des Veit Stoß und gehörte ehemals zur Ausstattung der Nürnberger Frauenkirche.

An der südlichen Stirnwand des Langhauses steht der Zwölfbotenaltar, dessen Relieffiguren auf das beginnende 16. Jahrhundert zurückgehen (die Gruppe des rechten Flügels 1823/25 nachgeschnitzt). Darüber befinden sich Maria und Johannes aus einer Kreuzigungsgruppe um 1510, der Kruzifixus stammt von 1930. Die Beweinung Christi (links vom Zwölfbotenaltar), das Schnitzwerk eines anonymen Meisters um 1500, zählte G. Dehio zu den Hauptwerken der Nürnberger Plastik. Trauer und Ergriffenheit kennzeichnen die eindrucksvolle Gruppe.

An der Südseite des Langhauses befinden sich auf mittlerer Höhe die Altarflügel eines vom Deutschordensritter Melchior von Neuneck 1490 gestifteten Altars. Die Malereien kommen aus der Nürnberger Werkstatt des Dürer-Lehrers Michael Wolgemut. An der nördlichen Langhausseite steht der Marienaltar um 1490/1500, der aus der im Krieg zerstörten Egloffsteinkapelle stammt.

Die Kirche ist tagsüber von 8 bis 18 Uhr geöffnet, im Winter bis Einbruch der Dunkelheit.

In Nürnberg gab es ehemals zwei „Pilgrimspitäler", die in der zweiten Hälfte des 15. Jahrhunderts vor den Toren der Stadt errichtet wurden. Hier fanden die Reisenden Unterkunft und Versorgung.

1356 stifteten der kaiserliche Beamte Conrad Waldstromer d.Ä. und seine Ehefrau Agnes Pfinzing das **Pilgerspital St. Martha** an der alten Straße nach Regensburg (heute: Königstraße 75). Bereits 1360 war der Spitalbau vollendet. Die ehem. Spitalkirche, die heutige evang.-ref. Kirche St. Martha, wurde 1385 geweiht. Die Spitalgebäude waren links und rechts an die Westfront der Kirche angelehnt. Der Pilgerreisende durfte sich hier in der Regel nur zwei Tage aufhalten. 1400 gab die Familie Waldstromer das Spital in städtische Hand. Im Zuge der Reformation wurde die Kirche 1526 geschlossen und diente fortan profanen Zwecken; das Spital hingegen scheint weiter in Betrieb gewesen zu sein. Erst ab 1627 fanden in St. Martha wieder Gottesdienste statt. 1800/09 wurde St. Martha als Pfarrkirche der reformierten Gemeinde anerkannt. 1909/10 erfolgte der Anbau

der äußeren Seitenschiffe, zwischen Langhaus und nördlichem Seitenschiff wurde die Sakristei errichtet.

Im Kircheninneren sind die Glasgemälde der Chorfenster von herausragender Bedeutung. Es handelt sich größtenteils um Einzelstiftungen angesehener Nürnberger Patrizierfamilien. Die

Glasmalereien wurden um 1390 gefertigt und zählen nach den Stifterfenstern in St. Sebald zu den frühesten erhaltenen Nürnberger Bildzyklen dieser Kunstgattung. Das Fenster im Chorhaupt mit Sakramentsdarstellungen geht auf die Spitalstifter Conrad Waldstromer und seine Frau Agnes Pfinzing zurück. Den hl. Jakobus finden wir in einer Einzeldarstellung im vierten Fenster nördlich des Chorhauptes. Diese Glasmalerei datiert um 1420/30 und gehörte ehemals zur Verglasung eines der südlichen Obergadenfenster des Langhauses.

Von den beiden Ostfenstern des Kirchenschiffes, deren Glasmalereien gegen 1410 datiert werden, zeigt das südliche Szenen aus dem Leben der hl. Martha. Der ehem. Hochaltar der Kirche kam 1829 zusammen mit einem der Seitenaltäre in die Nürnberger Lorenzkirche. Der Taufstein stammt noch aus spätgotischer Zeit. Die Kanzel wurde 1928, der Altartisch 1959 erneuert. Zwei Gedenktafeln an der West- und Ostwand des Schiffes geben die Namen der Spital- und Kirchenpfleger zwischen 1356 und 1781 wieder.

Kirchenbesichtigung ist nach Anmeldung beim Kirchner oder im Pfarrbüro nebenan möglich.

Das Nürnberger **Pilgerspital Heilig-Kreuz** lag an der Ecke Johannisstraße/St.-Johannis-Mühlgasse. Gestiftet wurde es um

1352/53 vom Nürnberger Patrizier Berthold Haller und von seiner Gemahlin Elisabeth. 1364 ging die Stiftung an den Rat der Stadt über. Im ältesten Inventar von 1496 sind insgesamt 38 Betten zur Aufnahme von Pilgern und Reisenden verzeichnet. 1945 wurden Pfleghaus und Spitalkapelle nahezu vollkommen vernichtet und danach nicht wieder aufgebaut. Ruinenreste der evang.-luth. Kirche Heilig-Kreuz verbergen sich hinter einem Wohnblock in einem Innenhof, den man über die Einfahrt St.-Johannis-Mühlgasse 5 (dort auch Gedenktafel) erreicht. Hinter einer Grünfläche ist noch ein Stück Südmauer des Chores mit angebautem Ölberg zu sehen. Die ehemaligen kirchlichen Ausstattungsstücke befinden sich heute nicht weit davon in der Friedenskirche (Palmplatz 11), ebenfalls im Nürnberger Stadtteil Sankt Johannis.

Übrigens: Wenn man schon bis hierher vorgedrungen ist, sollte man einen Abstecher zum berühmten Nürnberger Johannisfriedhof mit der gotischen evang. Kirche St. Johannis (Johannisstr. 57) nicht versäumen! Seit 1518 wurden hier die Bürger der Sebalder Stadtseite unter liegenden Sandsteinblöcken mit bronzenen Inschriftsplatten begraben, die eine einmalige Quelle der Stadtgeschichte darstellen. Unter vielen anderen bedeutenden Persönlichkeiten liegen hier Albrecht Dürer, Veit Stoß und Hans Sachs.

Wer sich in Nürnberg noch darüber hinaus auf Spurensuche nach dem hl. Jakobus begeben will, dem seien die Kirchen St. Sebald und St. Lorenz sowie das Germanische Nationalmuseum empfohlen.

Jakobspatrozinien in Stein: Deutenbach und Oberweihersbuch

*Um Nürnberg nicht auf den stark befahrenen Ausfallstraßen zu Fuß verlassen zu müssen, beginnen wir unsere Wanderung erst in Stein, genauer gesagt im eingemeindeten Deutenbach. Der Pfarrer der Jakobuskirche **Stein-Oberweihersbuch**, Karl-Heinz Klose, wies uns darauf hin, daß der ganz alte Jakobsweg zwischen Nürnberg und Deutenbach die Rednitzfurt benutzen mußte: hinter Nürnberg entlang der Röthenbacher Hauptstraße, durch den heutigen Faber-Park zur Rednitz, auf der anderen Seite des Flusses über den Haselgraben nach Deutenbach. Durch die 1260 errichtete Brücke „am Stein" änderte sich vermutlich die Wegführung.*

Nach der Anfahrt mit Bus 63 vom U-Bahnhof Nürnberg-Röthenbach (vom Nürnberger Hauptbahnhof mit der U 2 erreichbar)

*kann mit der Wanderung an der **Bushaltestelle Deutenbach/ Mitte** begonnen werden.*

Dort entdecken wir die für den gesamten Jakobsweg gewählte Markierung - eine weiße Muschel auf blauem Grund. Wir folgen ihr auf der Vorfahrtsstraße („Regelsbacher Straße") ortsauswärts, bis nach knapp 300 Metern - noch vor der Gaststätte Simon - rechts der „Hofwiesenweg" abzweigt. Markierungsgemäß biegen wir in ihn ein. Gleich am Anfang interessiert uns links das mit Dachreiter und Glocke versehene Anwesen der Landwirtschaft „Lösel".

Hinter dem Stadel befand sich **ehemals eine Kapelle St. Jakobus**, die wohl in Zusammenhang mit einem staufischen Burgsitz im 12./13. Jahrhundert errichtet wurde. Einziges Überbleibsel dieser Kapelle ist möglicherweise noch ein Sandsteinkapitell, das heute im Hof hinter dem Wohnhaus steht. Nach Auskunft des Landwirtes wurde es in der Wiese hinter dem Anwesen gefunden.

1338 datiert die erste urkundliche Erwähnung der Kapelle. Sie gehörte zunächst zum Schwabacher Pfarrsprengel. Da die fälligen Abgaben an den Schwabacher Pfarrer am Jakobitag zu leisten waren, handelte es sich mit Sicherheit um eine Jakobuska-

pelle. Nach 1526 wurde sie auf Betreiben der Stadt Nürnberg evangelisch. Im Dreißigjährigen Krieg erlitt sie schwere Schäden. Die zunächst geplanten Reparaturen unterblieben, 1679 stürzte die Kapelle schließlich ein. Die Predigten fanden fortan viermal jährlich in der Scheune des („Kapellen"-)Bauern statt. Noch heute wird auf dem „Löselhof" im September eine Stadelpredigt gehalten.

Der Ort wird urkundlich erstmals 1140 als „Dufenbach" erwähnt, im 14. Jahrhundert als „Tivffenbach" („Siedlung am tiefen Bach"). Von den beiden Ortsteilen Ober- und Unterdeutenbach, die spätestens seit 1430 unterschieden wurden, ist letzterer der ältere, namengebende Siedlungskern. 1808 erfolgte der Zusammenschluß zur Landgemeinde Deutenbach, die 1921 nach Stein eingemeindet wurde.

Mit der Markierung im Links-Rechts-Bogen über die Felder, unter Hochspannungsleitung hindurch (Weitblicke!) und zur Bundesstraße 14. Wir unterqueren sie in einem leicht links versetzten Durchlaß. Am Friedhof vorbei, rechts den „Pfarrweg" hinunter und direkt links ums Pflegeheim herum zur Jakobuskirche von **Stein-Oberweihersbuch**, *die etwas versteckt am Hang liegt.*

Die evang.-luth. Pfarrkirche St. Jakobus wurde 1928 nach Plänen des Ansbacher Architekten Hans Pylipp als Kirchenneubau errichtet. Das Jakobspatrozinium ist in Erinnerung an die abgegangene Jakobuskapelle in Deutenbach gewählt. Zunächst noch Tochtergemeinde von Zirndorf, wurde Oberweihersbuch 1931 nach Stein umgepfarrt. Seit 1964 ist es selbständige Kirchengemeinde.

Das Innere der Kirche in Gestalt einer weiten, tonnengewölbten Halle ist schlicht gehalten. Die Ostapsis wird beherrscht durch das 4 m hohe Glasfenster mit der Darstellung des auf Wolken schwebenden, lichtumstrahlten Christus. Seitlich an der Chorwand steht je eine Sandsteinfigur auf einem Sockel. Auf der rechten Seite erkennen wir den Apostel Paulus, links den hl. Jakobus, der seinen muschelverzierten Pilgerhut auf der Schulter trägt. An der Westwand befindet sich eine Madonnenfigur in barockem Stil. Die Orgel mit 16 Registern auf der Empore konnte 1988 anläßlich des 60jährigen Bestehens der Jakobuskirche mittels Spenden der Gemeindemitglieder angeschafft werden.

Die Kirche ist tagsüber geöffnet.

Aus dem Jahr 1303 kennen wir die früheste Nennung eines Ortes „Weihersbuch" („Siedlung am Weiher und Buchenwald"). Im 15. Jahrhundert wurden drei Ortschaften mit dem gleichen Grundnamen „-buch" unterschieden; später entwickelten sich daraus die heutigen Ober- und Unterweihersbuch. 1926 erfolgte die Eingemeindung der zwischenzeitlich selbständigen Landgemeinde Weihersbuch nach Stein.

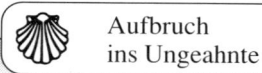
Eine Brotzeitstation von Nürnberg entfernt: die Jakobuskapelle in Oberdeutenbach. Die Furt der Rednitz hinter sich lassend - vor der Brücke „am Stein" war sie zu durchqueren - gelangte man durch den Haselgraben auf die Höhe. Die Menschen, die sich aufmachten, hatten den Weg vor sich.

Aufgebrochen waren sie. Bleiben wir bei diesem Wort: aufgebrochen. Ihr Haus verlassend, ihre gewohnte Umgebung gesprengt, ihre schützende Schale aufgebrochen. Wer loszieht, macht sich auf. Er öffnet sich.

Pilger aller Zeiten können ihren Weg nur gehen, wenn sie sich aufmachen. Ganz andere und ungeahnte Erfahrungen werden eindringen, wenn sie aufbrechen. Das wird sie verändern.

Von Menschen, die sich aufmachen, erzählt die Bibel. Abraham war ein solcher Mensch. Er hörte auf Gott und brach auf. Er verließ seine Heimat, seine Verwandtschaft, seines „Vaters Haus". Nur wer sich auch aufmacht, kann zu Neuem geführt werden: „in ein Land, das ich dir zeigen werde".

Die Zukunft liegt in den seltensten Fällen klar vor uns. Wo wird es hingehen? Wo werde ich landen? Bei der Berufswahl und beim Umzug; im Vorplanen und im Nachdenken; im Leben und im Sterben?

Ein neues „Feeling" für Vertrautes wird beim Pilgern entstehen. Was denn Heimat ist, wird sich ganz neu zeigen. Nicht mehr das Angestammte, Festgefügte, Hingemauerte wird mir Heimat sein und bleiben. Ich werde lernen: „Zuhause bin ich da, wo ich bleib, wenn ich geh."

Der Aufbruch ins Ungeahnte kann einen ängstigen. Sich öffnen macht schutzlos und verletzlich. Sicherheiten werden preisgegeben. Was auf einen zukommt, ist nicht auszumachen. Doch wir sind Geführte. Wir wandern nicht orientierungslos. Wir bekommen gezeigt, wo wir landen werden. Der Weg ist begehbar. Gott sei Dank!

Karl-Heinz Klose

Im Locher Grund

*Hinab zur „Stuttgarter Straße" und mit Blick auf alte, mauerum-
wehrte Hofanlagen auf der „Locher Straße" zur anderen Talsei-
te. Dort links durch das Neubaugebiet. An dessen Ende benützen
wir den parallel zur Straße verlaufenden Waldpfad. Wo dieser
aufhört, begeben wir uns geradeaus auf schmalem Wiesenpfad
hinüber zum nächsten Wald. Wir befinden uns schon seit einer
Weile im idyllischen Locher Grund. Schließlich queren wir halblinks die Straße (rechts erspähen wir die Ortschaft Loch) und
setzen unseren Weg talaufwärts fort. Linker Hand wird Gutzberg sichtbar; wir behalten unsere Richtung bei und geraten in
ein kleineres Waldstück, in welchem ein Bächlein mäandert. **Unterbüchlein** taucht vor uns auf; zwischen Bach und Acker halten
wir darauf zu. Der Name des 1303 erstmals erwähnten Ortes
weist auf eine Siedlung bei jungen Buchen hin. Schöne Fachwerkhäuser und Toreinfahrten; der ehemalige Bildstock am östlichen Ortsende (Straße nach Gutzberg) wurde als Wegweiser
umfunktioniert.*

*Im Dorf unmittelbar nach der Wirtschaft links, dann rechts und
am Waldsaum weiter. Wir wechseln ins Innere, benützen den halbrechts abgehenden schmalen Waldpfad. Er wird bald breiter und
verläuft in Waldrandnähe auf und ab. Nachdem wir ein Neben-
tälchen etwas rechts versetzt gequert haben (rechts die Ortschaft*

Oberbüchlein), nimmt uns erneut der Wald auf. Wir müssen jetzt gut auf die Zeichen achten, da wir den breiten Weg halbrechts verlassen! Wieder schimmert rechts die Talaue durch die Bäume.

*Direkt vor dem Ortsbeginn von **Sichersdorf** links durch die Fluren sachte aufwärts in den Wald, dort rechts weiter bis zur Autostraße, die wir überqueren. Drüben in gleichbleibender Richtung auf übergrastem Weg durch den Wald; unsere Jakobsmuschel leitet uns sicher! Erst nach einer geraumen Weile, bei einer Art Wegspinne, zeigen uns die blau-weißen Zeichen, daß wir uns nach rechts zu wenden haben. Nicht lange danach können wir links einen Blick auf Kastenreuth „erhaschen". Nach Unterquerung der Hochspannungsleitung geht es geradewegs weiter durch den Wald.*

Roßtal mit Filialen Weitersdorf (St. Ägidius) und Buttendorf (St. Jakobus?)

*Ins Freie tretend, erblicken wir rechts drüben Anwanden. Noch durch ein ganz kleines Waldstück mit hundebewachtem Anwesen - dann ziehen wir an einem spätmittelalterlichen Steinkreuz (später ebenfalls Wegweiser!) vorbei in **Weitersdorf** ein und begeben uns auf der „Kirchgasse" zum Kirchlein St. Ägidius mit seinen meterdicken Mauern.*

Die **evang.-luth. Filialkirche St. Ägidius** geht zurück auf die Herren von Weitersdorf, die 1234 erstmals urkundlich bezeugt sind. Ein erster Kirchenbau diente ihnen ursprünglich als Kapelle ihres benachbarten Rittersitzes. Von diesem Gründungsbau (vor 1339) stammen heute noch die unteren Mauerpartien des Langhauses. Im Osten existierte einst ein Chorturm anstelle des heutigen Chors. 1430 kam die Weitersdorfer Ägidiuskirche zur Pfarrei Roßtal. Im 14./15. Jahrhundert erfolgten mehrfache bauliche Umgestaltungen. Die Langhauswände wurden erhöht, der Turm aufgestockt, im Inneren kam es zum Einbau der Emporen; eine der spätgotischen Holzstützen wurde erst vor wenigen Jahrzehnten ausgewechselt.

1767 wurde Johann David Steingruber als Hofbaumeister der Markgrafen von Ansbach mit der Besichtigung der Kirche beauftragt. Zwar führte er die geplante Instandsetzung nicht durch, hinterließ aber detaillierte Zeichnungen der Kirche. In der Folgezeit gab es lediglich kleinere Reparaturen, zudem wurde ein Stockwerk des Ostturmes abgetragen.

1818 kam es zur Versteigerung der Weitersdorfer Kirche, die abgebrochen werden sollte. Bereits im folgenden Jahr mußte der baufällige Chorturm eingerissen werden. 1828 gelang es der Gemeinde jedoch, ihre Kirche zurückzukaufen und zu renovieren. Im Zuge der Wiederherstellung ersetzte man den Ostturm durch den heutigen, querrechteckigen Altarraum. In das Langhaus wurden neue Fenster eingebrochen, über dem Westgiebel der kleine Dachreiter errichtet. 1829 erfolgte die Neuweihe der Ägidiuskirche. Nach 1900 erhielt das Eingangsportal eine neugotische Fassung. Neben dem Portal ist ein Stein mit dem Stiefel-Wappen der Herren von Weitersdorf eingemauert.

Das Innere der kleinen Kirche ist äußerst schlicht. Die auf der Nordseite freigelegten, gemalten Weihekreuze gehen auf das 14./15. Jahrhundert zurück. Altar und Kanzel (auf Steinsockel) stammen wohl aus der Zeit des Choranbaus, der bemalte Taufstein ist neugotisch. Am östlichen Ende der Nordempore steht die Orgel, die Georg Ludwig Motsler 1788 schuf; im 19. Jahrhundert wurde sie umgebaut und 1985 renoviert.

Schlüssel zur Kirche: bei Familie Lauchs (die Hauptstraße ca. 100 m nach rechts, dann links eine kleine Treppe hinauf).

Die Ortschaft („Witandsdorf") war im 13. Jahrhundert Sitz der Herren von Weitersdorf, eines Ministerialengeschlechtes, das in enger Verbindung mit dem Kloster Heilsbronn stand. Der letzte Abkömmling des Weitersdorfer Ortsadels, ein gewisser Johann, wurde 1418 im Heilsbronner Münster bestattet. Seit 1978 gehört die ehemalige Gemeinde zum Markt Roßtal.

*Von der Kirche in Weitersdorf die Treppen hinab, auf der Hauptstraße links dorfauswärts und weiter der Autostraße entlang bis zur Bahnunterführung. Nach dieser halten wir uns links, um mit der Muschelmarkierung auf einem Fußweg entlang der Gleise zum Bahnhof **Roßtal** zu kommen. Die von dort herabführende „Obere und Untere Bahnhofstraße" bringt uns hinein in den hübschen Marktflecken. Es lohnt sich, dem alten Ortskern einen Besuch abzustatten (erste große Kreuzung links hinauf).*

Der Ort findet bereits 954 als „Horsadal" („Tal der Rosse") in der Sachsengeschichte des Mönches Widukind von Corvey Erwähnung: Kaiser Otto I. hatte Roßtal im Kampf gegen seinen aufständischen Sohn Liudolf vergeblich belagert. Das in diesem Zusammenhang erwähnte ottonische Kastell lag im Bereich des heutigen Friedhofes. Nach mehrmaligem Besitzerwechsel kam Roßtal 1281 an die Burggrafen von Nürnberg. Das 1328 verliehene Stadtrecht war nur von kurzer Dauer. 1525-1528 erfolgte die Einführung der Reformation. Seit 1818/21 ist Roßtal Landgemeinde und Markt.

Altes Ortszentrum ist der erhöht liegende, befestigte Friedhof. Der westliche Teil der Wehrmauer ist noch gut erhalten. Den nördlichen Zugang markiert ein Torturm von 1497.

Innerhalb der Ummauerung liegt die **evang.-luth. Pfarrkirche St. Laurentius**. Ihr hoch aufragender Kirchturm bestimmt weithin sichtbar das Orts- und Landschaftsbild. Eine erste frühromanische Kirchenanlage entstand in der Zeit zwischen 1025 und 1042. Stifterin soll die legendäre Gräfin Irmengard gewesen sein, wahrscheinlich Irmingard von Hammerstein. Zusammen mit ihrem Gemahl („Herzog Ernst von Bayern", vermutlich Graf im Sualafeldgau) wurde sie im Kircheninneren bestattet. Wenige Reste der Ende des 15. Jahrhunderts noch beschriebenen, später dann zerstörten Grabmäler befinden sich unter dem heutigen Bodenniveau am Ostende des Langhauses.

Das einstige frühromanische Langhaus in Gestalt einer dreischiffigen Basilika war nach Westen erheblich länger als das bestehende. Erhalten blieb einzig die Hallenkrypta, die sich unter dem heutigen Ostchor erstreckt. 12 Pfeiler tragen ein Gewölbesystem aus Stichkappentonnen und untergliedern den Raum in vier zu fünf Joche. Die Pyramidenstumpfkapitelle scheinen nahtlos in das Gewölbe überzugehen. In der Ostwand befinden sich drei Apsiden, in deren mittlerer ein Altar aus Sandstein steht. Die Roßtaler Krypta zählt mit zu den ältesten erhaltenen Bauwerken Frankens. W. Schwemmer beschrieb sie anläßlich der 1000-Jahr-Feier Roßtals als einen Ort, „wo man das Abseits von der Hast und Unruhe des Daseins als eine Wohltat empfindet".

Während die Krypta die Jahrhunderte unbeschadet überdauerte, wurde das Kirchenschiff bereits um 1200 neu gebaut. Im 15. und beginnenden 16. Jahrhundert erfuhr das aufgehende Mauerwerk mehrfache Umgestaltungen. Ab 1400 wurde der Turm neu errichtet, nachdem sein romanischer Vorgänger im Städtekrieg zerstört worden war. Eine barocke Haube ersetzt seit 1769 den ursprünglichen gotischen Helm. Nach der Mitte des 15. Jahrhunderts wurde schließlich auch der Chor von Grund auf erneuert.

Durch einen Blitzschlag brannte die Kirche 1627 aus. Im Zuge der Wiederherstellungsmaßnahmen wurden im Inneren die bemalte Holzdecke sowie die West- und die doppelgeschossige Nordempore eingezogen.

Im Chor der Kirche wenden wir uns zunächst dem Altar zu. Die Sandsteinmensa stammt noch aus der Erbauungszeit, die freistehende Kreuzigungsgruppe wurde im späten 17. Jahrhundert aufgestellt. Über der Sakristeitür hängt ein Tafelbild von 1524, dessen „Gnadenstuhl" in der Dürer-Nachfolge steht. Das Gemälde ist eine Schenkung an die Kirche aus dem 17. Jahrhundert. An der rechten, südlichen Chorwand steht die spätgotische Konsolfigur des Kirchenpatrons Laurentius mit dem Rost als Marterwerkzeug des Heiligen. Der Taufstein an der Schwelle zum Langhaus stammt noch aus dem späten 15. Jahrhundert, bemalt wurde er erst 1630.

Im Langhaus befindet sich auf der freien Südseite die Kanzel. Sie entstand im Zuge der Renovierungsarbeiten nach 1627 (Schalldeckel Mitte 18. Jahrhundert). Der Kanzelkorb ist mit biblischen Motiven bemalt: Arche Noah, Taufe Christi, Gesetzgebung auf dem Berg Sinai und Tanz um das Goldene Kalb. Un

ter den beiden Gemälden im Langhaus ist das sog. Konfessionsbild von 1659 hervorzuheben. Die vier Evangelisten stehen hinter dem Kreuzaltar, Luther und Melanchthon teilen den protestantischen Fürsten und Adeligen das Abendmahl aus. Neben dem religionsgeschichtlich interessanten Bildmotiv sind vor allem die Kostüme der zahlreichen Figuren bemerkenswert. Den modernen Leuchter „Himmlisches Jerusalem" in der Mitte des Langhauses schuf der Münchner Franz Rickert. Darüber hinaus bewahrt die Roßtaler Kirche eine Reihe von Grabdenkmälern sowie gemalte und bronzene Epitaphien.

Außen ist der Ölberg am Chorschluß um 1500 bemerkenswert. Die plastische Darstellung der Gruppe mit dem betenden Christus und den schlafenden Jüngern ist an fränkischen Kirchen oft anzutreffen. An den einfassenden Strebepfeilern und an der rückwärtigen Kirchenwand befinden sich noch Reste zugehöriger, stark verblaßter Wandmalereien; auf der inneren rechten Seitenwand läßt sich eine alte Ansicht Roßtals erahnen. Der Turm trägt an den beiden oberen Geschossen gotische Blendfriese, die auf figürlich und pflanzlich gestalteten Konsolen aufsitzen. Auf der Südseite des Turms ist das Wappen der Burggräfin Elisabeth (1401-1442) angebracht, am nördlichen Kranzgeschoß das Hohenzollernwappen.

Die Kirche ist tagsüber geöffnet.

Innerhalb des Friedhofes existierte **ursprünglich eine Jakobs-kapelle**, die im Nordwesten an die Wehrmauer angebaut war. 1521 wird die Kapelle in den Rechnungen der Kirchenstiftung genannt. Sie diente wohl als Beinhauskapelle, in der die Gebeine der geräumten Gräber verwahrt wurden. Nachdem die Laurentius-kirche 1621 ausgebrannt war, fanden hier übergangsweise die Gottesdienste statt. 1804 schließlich wurde die Roßtaler Jakobs-kapelle abgebrochen.

Das **erste evang.-luth. Pfarrhaus** geht auf das 15. Jahrhundert zurück. Es bildet gleichsam den Eckpfeiler der südwestlichen Friedhofsbegrenzung. Nach G. Dehio ist es zu den bedeutendsten Fachwerkhäusern der Spätgotik zu zählen. Spätere Veränderungen des 17./18. Jahrhunderts beeinträchtigen den monumentalen mittelalterlichen Gesamtcharakter kaum. Roßtal besitzt noch ein **zweites Pfarrhaus** (an der östlichen Kirchhofseite), dessen zum Friedhof weisender Giebel die Jahreszahl 1538 trägt. In der Nähe des südwestlichen und des nördlichen Friedhofeingangs befindet sich je ein **Ortsbrunnen** aus dem 17. Jahrhundert mit Ständer-Fachwerkbau. Das **ehem. Schloß** am Marktplatz wird erstmals 1293 in Zusammenhang mit dem Nürnberger Buggrafen Friedrich III. erwähnt. Seine heutige Gestalt erhielt es im frühen 17. Jahrhundert. Zahlreiche prächtige Fachwerkhäuser bestimmen das Ortsbild Roßtals.

*Von der vorhin erwähnten Kreuzung auf der „Pelzleinstraße" weiter. Da wir das Buttendorfer Kirchlein aufsuchen wollen, trennen wir uns von der Jakobsmuschel und biegen gegenüber der nach Raitersaich abzweigenden Straße mit der Blauschräg-kreuzmarkierung in den rechts emporführenden Fußpfad ein. Oben links, aber gleich wieder rechts über die Hochfläche. Unterwegs genießen wir die schönen Rück- und Ausblicke auf Roßtal bzw. das vor uns auftauchende Biberttal. Stets geradeaus wandernd, erreichen wir den Ortsrand von **Stöckach**. Nun nicht durch das Dorf, sondern sofort - also noch vor dem eingefriedeten Fachwerkhäuschen - links herum! Am Zaun finden wir die örtliche Rundwegmarkierung 2, der wir uns für einige Zeit anvertrauen wollen.*

Schon kurz nach dem Zaunende teilt sich der Feldweg; wir benützen den rechten Wegast. Auch bei der nächsten Gabelung *halten wir uns rechts! Der Weg wird zur Hohle und verläuft anschließend über Gras. Wir passieren einen rechts liegenden Weiher. Halbrechts drüben im Tal breitet sich Ammerndorf aus. Auch links blinkt nun ein idyllischer Weiher. Hinab zu ihm und auf den Betonmast zu! Unmittelbar nach ihm halblinks übers Bächlein, mit dem „Zweier" anfangs am Wald entlang, dann ins Innere. Nachdem wir das Waldstück durchschritten haben, behalten wir noch kurz die Richtung bei, knicken aber gleich darauf nach rechts und nähern uns **Buttendorf**. Über die Umgehungsstraße und durch die „Rehbühlstraße" gelangen wir an deren Ende rechts zur Kirche.*

Die nach außen schlichte **evang.-luth. Filialkirche St. Ägidius** stammt aus dem 14. Jahrhundert. Wie bei der Ägidiuskirche in Weitersdorf handelt es sich um eine Gründung des ansässigen Ortsadels, hier der Herren von Buttendorf.

Das kirchliche Patrozinium ist offenbar bis heute zwischen den Heiligen Jakobus und Ägidius umstritten. Dies geht zurück auf eine Nachricht des 16. Jahrhundert, nach der in der Kirche jährlich nur noch zwei Gottesdienste gehalten wurden: der eine am Sonntag nach Jakobi, der andere am Tag des hl. Ägidius (1. September); der Ägidientag scheint demnach der wahre Kirchweihtag zu sein. Die Verehrung des hl. Ägidius in Franken scheint wiederum rückwirkend durch die Jakobspilger Verbreitung gefunden zu haben. Saint-Gilles und Toulouse, wo bedeutende Reliquien des Heiligen verehrt werden, waren wichtige Stationen auf dem Weg nach Santiago. Möglicherweise trägt das umstrittende Patrozinium der Buttendorfer Kirche gerade diesem Umstand Rechnung.

1414 datiert die erste urkundliche Erwähnung der Kirche, die sich damals im Besitz der Nürnberger Burggrafen befand. 1430 untersteht die St. Ägidienkirche der Pfarrei Roßtal.

1510 kam es zum Anbau des heutigen Altarraumes, bei dem die alte Ostwand bis auf den seitlichen Maueransatz entfernt wurde. 1779 fand eine umfassende Innenrenovierung statt. Das Andachtsbild an der Westwand beinhaltet eine Innenaufnahme der Kirche im alten Zustand.

Von den Ausstattungsstücken ist die stehende Muttergottes von 1500/10 im Chor bemerkenswert. Der mittelalterliche Altar zeigt eine quadratische Reliquiennische. Reste gotischer Wandmalereien blieben am südlichen Mauerstück des alten Choransatzes erhalten.

Der Ort wird urkundlich erstmals 1132 als „Putendorf" (vom Personennamen „Buoto") erwähnt. Vom 12. bis 15. Jahrhundert waren hier die Reichsministerialen von Buttendorf ansässig. Ihr Herrensitz, ein ehem. Burgstall, ist im Garten eines Anwesens südlich der Kirche noch in den Grundzügen zu erkennen. Die

Um in die Buttendorfer Jakobuskirche zu gelangen, muß man den Camino in Roßtal verlassen. Dieser Umweg hat symbolischen Charakter, er deutet auf das Thema dieser Pilgerstation hin: die Reise zu mir.

Als Pilgerinnen und Pilger haben wir uns auf den Weg gemacht. Mit jedem Schritt lassen wir den Alltagstrott ein Stück hinter uns. Es tut gut, den Körper mal wieder zu spüren. Allmählich finden Körper und Geist ihren gemeinsamen Rhythmus. Der Kopf wird frei zum Nachsinnen. Aus dem Inneren melden sich Stimmen, die wir in der täglichen Hektik leicht überhören. Ich staune, was ich in meinem Inneren entdecke. Vielleicht erschrecke ich auch über das, was ich in mir wahrnehme. Ich spüre, wie fremd ich mir eigentlich bin. Wer bin ich? Gibt es überhaupt einen Menschen, der ehrlich und mit Bestimmtheit von sich sagen könnte: Ich kenne mich? Im Alltag sind wir nur selten bei uns selber. Unsere Sprache ist da verräterisch: statt ICH sagen wir „man", „wir" oder auch „du". Das eigene, wahre ICH bleibt unbekanntes Terrain. Wer es kennenlernen will, muß sich auf Entdeckungsreise machen - und zwar ein Leben lang. Dag Hammarskjöld hat das einmal mit den Worten beschrieben: Die längste Reise ist die Reise nach innen.

Auf dieser Reise macht jeder Mensch unzählige Umwege. Darum ist es gut, für diese lange Reise einen Reisebegleiter zu haben. Einer, der mir entdecken hilft, wer ich wirklich bin. Einer, der mich auch dann erträgt, wenn ich dunkle Seiten an mir entdecke. Einer, der mir hilft, herauszufinden, was gut für mich ist. Einer, der mich auch dann nicht verläßt, wenn ich einmal einen Umweg eingeschlagen habe.

Dieser eine ist Gott, der uns nach seinem Bilde geschaffen hat. Nach seinem Bilde, das heißt: fähig, in Beziehungen zu leben. Daß wir diese Beziehungsfähigkeit erwerben, ist ihm wichtig. Darum hat er uns ein Doppelgebot der Liebe gegeben: Du sollst den Herrn, deinen Gott, liebhaben von ganzem Herzen, von ganzer Seele und mit all deiner Kraft. Und: Du sollst deinen Nächsten lieben WIE DICH SELBST.

Daß wir das WIE DICH SELBST nicht vergessen, sondern lernen darauf zu achten, ist eine große Chance dieses Pilgerweges.

Ulrich Hardt

letzten Reste dieser Turmhügelburg wurden 1857 abgerissen. Die Ägidiuskirche diente den von Buttendorf ursprünglich als Ritterkapelle.

Schlüssel zur Kirche: bei Fritz Wagner, Kirchenweg 1, oder bei Familie Schmidt-Meier, Lindenstraße 18 (ca. 500 m die Straße südlich der Kirche entlang in östlicher Richtung).

Auf der „Hügelstraße" zum Dorfende. Dort nehmen wir den linken der beiden Schotterwege, wobei wir die mit dem Wegezeichen Nr. 2 versehene Feldscheune passieren. Bei der folgenden Dreiteilung entscheiden wir uns für den mittleren Weg, der allmählich ansteigt. Oben Rückblick; am Horizont können wir Cadolzburg mit seinem charakteristischen Turm ausmachen! Kurz darauf stoßen wir in einem kleinen Waldstück auf unseren „Muschelweg", dem wir rechts folgen. Voraus wird **Fernabrünst** *sichtbar; in nicht ganz einer Viertelstunde sind wir dort. Der sonderbare Ortsname bedeutet „von Föhren umgebene Brandrodungsstätte im Wald".*

Am Ortsbeginn sofort links in die Straße „Am Röthlein". Nachdem wir die Fahrstraße gekreuzt haben, laufen wir auf dem „Schleifweg" weiter. Er geht in einen geschotterten Feldweg über, der nach einiger Zeit die Hochspannungsleitung unterquert. Danach heißt es achtgeben: Wir müssen den rechts abzweigenden Grasweg zum Wäldchen benützen (keine Markierungsmöglichkeit!). An dessen Rand am Hang entlang - links im Tal blinken Fischweiher - erreichen wir schließlich das malerisch im Mühlbachgrund gelegene **Wendsdorf** *(wahrscheinlich eine wendische Siedlung). Links in den Ort, am Platz bei der Dorflinde markierungsgemäß rechts und am Gasthaus vorbei bergauf. Weiter oben, bei der Dreiteilung, nehmen wir den „goldenen Mittelweg". Bereits nach etwa 15 Metern gabelt er sich; wir halten uns rechts und steigen auf dem Schotterweg vollends empor auf das Plateau!*

Ein Acker hindert uns am direkten Weiterkommen. Also links, aber schon bei der nächsten Gelegenheit rechts und auf dem Grasweg durch die Felder zu einem kurvenden Schotterweg, dem wir in bisheriger Richtung folgen! Gleich darauf müssen wir besonders gut aufpassen, denn noch vor der Hütte am Wald-

*rand geht es links in einem übergrasten Hohlweg durch den Waldgürtel hinunter nach **Bürglein**.*

1198 wird der Ort erstmals urkundlich genannt („Burgelin"). Namengebend war der einstige Burgstall auf dem „Weinberg"

im Osten. Von den ursprünglichen Besitzern, den Herren von Wolfstein und Sulzbürg, kam der Burgstall 1268 in den Besitz des Klosters Heilsbronn. Noch im 13. Jahrhundert wurde er zerstört.

Das Pflastersträßchen bringt uns zur **evang.-luth. Pfarrkirche St. Johannes der Täufer**. Sie liegt erhöht inmitten eines alten Wehrfriedhofes. Der Turm geht im Kern noch auf das 13. Jahrhundert zurück. Bürglein war damals Urpfarrei für die Umgebung.

1725/26 wurde das Langhaus im „Markgrafenstil" weitgehend neu errichtet; über dem barocken Hauptportal ist das umrankte Markgrafenwappen mit Fürstenhut angebracht. Die Bauleitung hatte wahrscheinlich der markgräfliche Hofarchitekt Karl Friedrich von Zocha inne. Ausführende am Bau waren Vater und Sohn Ebner (Inschrift über dem Portal). Im Zuge der Baumaßnahmen wurde dem Turm das heutige Fachwerkgeschoß aufgesetzt.

Im Inneren der Saalkirche zählen Kanzelaltar und umlaufende Doppelempore zur typischen Ausstattung einer „Markgrafenkirche". Der Kanzelaltar wurde 1725 von den Eheleuten Humbser gestiftet. Über der gotischen Steinmensa befindet sich eine predellenartig angebrachte Kopie des Abendmahls Leonardos (bez. Ph. Leininger, 1845). Der verzierte Taufstein, ebenfalls von 1725, ist eine Stiftung der Jungfer Schenk. An der Ostwand sind die spätgotischen Schnitzfiguren der Muttergottes und der vier Evangelisten aufgestellt; sie gehören der Filialkirche von Markttriebendorf.

Das **Pfarrhaus** wurde 1751 von dem Maurer Johann Michael Best und dem Zimmermann Georg Zientz errichtet. Das barocke Portal ist ebenfalls wappenverziert. In Bürglein stehen schöne Fachwerkhäuser, deren älteste aus dem 17. Jahrhundert stammen.

Schlüssel zur Kirche: Evang.-luth. Pfarramt, Kirchweg 7 (ca. 50 m westlich der Kirche).

*Unsere Markierung schickt uns auf der „Goßhabersdorfer Straße" in Richtung **Böllingsdorf**, das mit Bürglein zusammengebaut ist. Kurz vor dem Ortsschild biegen wir rechts in die Straße „Am Kettelbach" ein, machen beim Weiher ein paar Schritte links und setzen dann unsere Tour rechts auf dem an-*

fangs gepflasterten Feldweg längs des Baches fort. Wir befinden uns nun im romantischen Kettelbachgrund, welchen wir talaufwärts durchwandern. Nach geraumer Weile passieren wir eine Fischzuchtanlage und erreichen eine Fahrstraße, in die wir links einschwenken. Sofort nach Waldbeginn „beordern" uns die Muschelzeichen rechts einwärts! Es geht einen schmalen Pfad empor, der sich durch den Wald windet; die Markierungen führen uns sicher!

Höhepunkt unterwegs:
Heilsbronn mit St. Marien- und Jakobus-
Münster

Wieder im Freien, senkt sich der Weg bald erneut in das hier sehr breite und flache Tal des Kettelbaches ab. Weiter vorne gesellt sich von rechts eine Grünstrich-Markierung zu uns. Unmittelbar danach links durch die Wiese und am Waldsaum entlang! Ein Sträßchen wird überschritten; wir behalten unsere Richtung bei. Nach längerer Wanderung am Außen- und Innenrand des Waldes geraten voraus Häuser von Heilsbronn in unser Gesichtsfeld; wir halten geradewegs darauf zu! Endlich sind wir bei der Straße angelangt und queren in Höhe des Heilsbronner

Ortsschildes die Bahngleise. Den Markierungen nach durch die „Caspar-Othmayr-Straße", bis wir auf die „Bahnhofstraße" treffen. Sie bringt uns rechts zum ehemaligen Nürnberger Tor, dem Zugang zum alten Ortskern von **Heilsbronn**.

In der Geschichte Frankens nimmt die Münsterstadt Heilsbronn einen herausragenden kulturhistorischen Stellenwert ein. Die Zisterzienserkirche ist gleichermaßen für ihre reiche, qualitätvolle Ausstattung an Kunstwerken wie als Grablege der Hohenzollern und anderer bedeutender Adelsgeschlechter bekannt.

Orts- und Klostergeschichte sind eng miteinander verknüpft. 1132 stiftete Bischof Otto I. von Bamberg das Kloster auf dem Gut „Haholdesprunnen" (Grundherr „Hahold"). Im Grenzgebiet zu den Diözesen Eichstätt und Würzburg gelegen, sollte die Klostergründung die Besitzrechte des Bamberger Bischofs deutlich zum Ausdruck bringen. 1142 berief man Zisterziensermönche aus Ebrach, die das Kloster als zweite Tochterniederlassung übernahmen. Als Schirmvögte fungierten zunächst die Grafen von Abenberg und kurze Zeit auch der Kaiser (Reichsvogtei). Erst ab 1333 wurde dieses Amt längerfristig von den Hohenzollern, Burggrafen von Nürnberg, übernommen. Wie schon die Abenberger richteten sich auch die Hohenzollern in der Zisterzienserkirche ihre Grablege ein. Bis 1297 diente ihnen dafür der Chor, ab 1366 das Langhaus (bis 1625). Als Landesherren der Markgrafschaft Brandenburg-Ansbach führten die Hohenzollern in Heilsbronn 1529 frühzeitig die Reformation ein. 1534 wurde in den Klostergebäuden eine Schule untergebracht (später Fürstenschule). Das Kloster bestand zunächst unter formal eingesetzten Titularäbten fort, 1631 wurde es schließlich ganz aufgehoben. Der wertvolle Bestand der Bibliothek ging an die 1743 in Erlangen gegründete Universität. Die ehem. Zisterzienserkirche wurde schließlich evang.-luth. Pfarrkirche.

Heilsbronn gehörte bis 1791 zum Markgraftum Ansbach, dann zum Königreich Preußen und seit 1806 zu Bayern. 1932 wurde die Marktgemeinde anläßlich der 800-Jahr-Feier ihres ehem. Klosters zur Stadt erhoben.

Die **evang.-luth. Pfarrkirche ist als ehem. Zisterzienserkirche Maria und Jakobus** geweiht. Der romanische Gründungsbau entstand ab 1132 und bildet noch heute den Kern der Anlage. Die dreischiffige Basilika mit weit ausladendem Quer-

schiff weist drei Parallelchöre auf; ihre Apsiden fielen der späteren Chorerweiterung zum Opfer. Westlich der Vierung schließt der sog. chorus minor an, ein mit Mauerzungen von den Seitenschiffen getrennter Raumabschnitt. Diese Art der Grundrißgestaltung entspricht weniger dem zisterziensischen als vielmehr dem cluniazensisch-hirsauischem Bauschema.

Um 1200 erfolgten bauliche Erweiterungen. Am südlichen Querarm wurde die sog. Heideckerkapelle angebaut, die den Zisterziensern einst als Begräbniskapelle diente. Im gleichen Zuge wurde im Westen eine Vorhalle errichtet, die schon im nachfolgenden Jahrhundert wieder beseitigt wurde. Von 1263 bis 1284 erweiterte man den romanischen Chor um zwei basilikale Joche nach Osten. Dabei wurde die Abenberger-Kapelle, Grablege der damaligen Burggrafen von Nürnberg und ersten Heilsbronner Schirmvögte, abgerissen bzw. überbaut. Seit dem 14. Jahrhundert existiert anstelle der westlichen Vorhalle die heutige „Ritterkapelle". Sie diente den Adeligen der Umgebung als Grablege. 1412-1433 wurde das südliche Seitenschiff abgerissen und durch ein spätgotisches Mortuarium (Begräbnishalle) ersetzt. Die lichte, zweischiffige Halle zu fünf Jochen bildet einen reizvollen Kontrast zu den massiven romanischen Formen des Mittelschiffes. Aus der gleichen Zeit stammt auch der steinerne Dachreiter.

Im 18. Jahrhundert wurde die Kirche dreimal umgestaltet. Im 19. Jahrhundert erfolgte eine romanisch inspirierte Wiederherstellung nach Plänen von Friedrich von Gärtner. Die jüngsten Renovierungsarbeiten fanden 1980-1987 (Außeninstandsetzung) und 1987-1995 (Renovierung und Konservierung der Innenausstattung) statt.

Wir betreten das Innere der Kirche am nördlichen Querarm durch ein Portal des 19. Jahrhunderts; im Tympanonfeld begrüßt uns neben anderen Heiligen auch Jakobus d.Ä., der den thronenden Weltenrichter flankiert. Angesichts der reichen Ausstattung der ehem. Zisterzienserkirche muß man sich vor Augen führen, daß einstmals 29 gotische Altarwerke gezählt wurden! Leider ist es an dieser Stelle nicht möglich, jedes Kunstwerk vorzustellen und seiner Bedeutung entsprechend zu würdigen. Es sei daher auf die vor Ort erhältliche Schrift „Ein Gang durch das Heilsbronner Münster" von Paul Geißendörfer verwiesen.

Im gotischen Ostchor wenden wir uns zunächst dem Dreikönigsaltar im Chorhaupt zu. Die gotische Steinmensa mit Verzie-

Dreikönigsaltar

rung aus Blendmaßwerk stammt noch von 1366. Als Aufbau dient ein Wandelaltar mit zwei beweglichen Flügelpaaren. Gestiftet wurde der Dreikönigsaltar 1505 von dem Markgrafen Friedrich d.Ä. und seiner Gemahlin Sophie. Der ursprünglich nur an hohen Festtagen geöffnete Schrein zeigt die Anbetung des Kindes durch die Heiligen Drei Könige. Die Reliefs der Flügelinnenseiten stellen die Apostel Simon und Andreas und die Heiligen Katharina und Barbara dar. Bei geschlossenen Innenflügeln (Sonntagsseite) wird ein gemalter Marienzyklus sichtbar, ein Werk des Nürnbergers Hans Traut. Die geschlossenen Außenflügel (Werktagsseite) zeigen die Stifterfamilie unterhalb der Darstellungen der Kreuzigung und der Gregorsmesse. Der Dreikönigsaltar wurde erst 1865 vom Langhaus hierher versetzt, nachdem der frühere Hochaltar 1711 beseitigt worden war.

Der südliche Seitenaltar ist der Kirchenpatronin Maria geweiht. Er entstand 1511/13 und ist ein Werk der Nördlinger Peter Strauß (Schnitzereien) und Sebastian Dayg (Malereien). Bemerkenswert ist die untere Szene der linken Flügelinnenseite, das sog. Heilsbronner Rechtfertigungsbild. Auf Fürbitte von Maria greift Christus dem richtenden Gottvater in das Schwert, das dieser bereits über die geistlichen und weltlichen Würdenträger der rechten Bildhälfte erhoben hat. Der nördliche Seitenaltar, Altar der Elftausend Jungfrauen, ist eine Stiftung des Abtes Sebald Bamberger von 1513. Im geöffneten Schrein ist die Gottesmut-

ter, umgeben von heiligen Jungfrauen, zu sehen; die Flügelinnenseiten zeigen Reliefs mit Marterszenen einzelner weiblicher Heiliger. Die Schnitzereien gehen auf Peter Strauß zurück, die Gemälde der Flügelaußenseiten stammen von Wolf Traut. Am nördlichen Chorpfeiler steht das feingliedrige Sakramentshäuschen. Es ist in der Werkstattnachfolge des Adam Kraft gearbeitet und 1515 datiert. Gegenüber befindet sich eine Pieta, eine aus dem Passionsgeschehen herausgelöste Andachtsszene, in der Maria den Leichnam Jesu im Arm hält. Das Schnitzwerk schuf ein Nürnberger Meister in der zweiten Hälfte des 15. Jahrhunderts.

Im mittleren Schiff des alten romanischen Chors bilden der moderne Kreuzaltar und der seltene Echthaarkruzifixus von 1468 das liturgische Zentrum der Kirche. Das Wandgemälde an der südlichen Innenwand wurde mehrfach über Fragmenten des 14. Jahrhunderts erneuert. Es handelt sich um das sog. Abenbergische Stiftungsbild, in dem Bischof Otto I. von Bamberg und Graf Raboto von Abenberg das Kirchenmodell präsentieren. Darunter befindet sich links das Votivbild des Bischofs Berthold von Eichstätt (gest. 1365), Kanzler Karls IV. und Erbauer der Willibaldsburg. Gegenüber, an der nördlichen Innenwand, sind hervorragende Beispiele aus den Anfängen der Nürnberger Tafelmalerei um 1350 zu besichtigen. Der großformatige Schmerzensmann ist das Epitaph des Heilsbronner Abtes Friedrich von Hirschlach (1346-1350), der in kleiner Figur links unten dargestellt ist. Die beiden anderen Tafeln bildeten ehemals den rechten Flügel eines Heilsbronner Passionsaltars.

Im südlichen Seitenschiff des romanischen Chors steht der Mauritius-Laurentius-Altar (um 1515) mit Gemälden von Wolf Traut auf den Flügelaußenseiten. Der Vierzehn-Nothelfer-Altar im nördlichen Seitenschiff entstand 1498. Die vierzehn Heiligenfiguren der Innenseite, die sich um die thronende Muttergottes scharen, sind in P. Geißendörfers Kirchenführer namentlich aufgeführt. Am nordöstlichen Vierungspfeiler ist ein weiteres bedeutendes Nürnberger Tafelbild angebracht, das Epitaph des Arztes Friedrich Mengot von 1370. In Form der „mittelalterlichen Heilstreppe" wird die in Spruchbändern formulierte Heilsbitte des Stifters über Maria durch Christus an Gottvater weitergeleitet.

Am südlichen Ende des Querhauses befindet sich der Zugang zur sog. Heideckerkapelle. Der Saalbau mit erhöht sitzendem

Chörlein war ursprünglich eine dem hl. Michael geweihte Kapelle. Durch die Herren von Heideck, die hier ihre Begräbnisstätte einrichteten, erhielt sie ihren heutigen Namen. Gleich nach Eintreten begrüßt uns rechts die erhöht stehende Figur des Pilgerheiligen und Mitpatrons der Kirche, Jakobus d. Ä. Im Chor der Heideckerkapelle steht der Martin- und Ambrosius-Altar von 1487. Die Kreuzigungsgruppe an der Nordwand (um 1500) stammt aus der ehem. Heilsbronner Katharinenkirche. Das älteste Kunstwerk der Kirchenausstattung ist das Sandsteinrelief mit dem Weltenrichter von 1320, das sich an der Südwand befindet.

Hochgräber der Hohenzollern

Der chorus minor, der vom übrigen Langhaus durch ein Gitter abgetrennt ist, dient der Gemeinde heute zur Gottesdienstfeier. Auf der Südseite befindet sich das bemerkenswerte Bild der Heilsbronner Schutzmantelmadonna, eine Nürnberger Malerei von 1492. Maria hat die Zisterziensermönche des Konvents schützend unter ihrem Mantel geborgen. Gegenüber, an der inneren Nordwand, hängen Gedächtnistafeln und Bildnisse der Hohenzollern.

Im Mortuarium, das 1415ff. anstelle des romanischen Seitenschiffes errichtet wurde, steht an der Ostwand der Peter-und-Paul-Altar. Den Schrein und die Schnitzfiguren fertigte Peter Strauß 1510. Aus der gleichen Zeit stammt der Stephanus-Laurentius-Altar an der nördlichen Innenwand. Die Malereien gehen auf Sebastian Dayg zurück, die Schreinfiguren sind im 19. Jahrhundert neu gefaßt worden. Das Porträt des Melchior Wunder (1562), des letzten amtierenden Heilsbronner Abtes, und das Dreifaltigkeitsbild (1560) malte Lukas Gruneberg, ein Schüler Lucas Cranach d. J. Unter den aufgereihten Grabsteinen und Gedenktafeln ist das Marmorepitaph für Ludwig von Eyb hervorzuheben, das der Eichstätter Loy Hering 1523 schuf.

Vom Mortuarium aus gelangen wir in das Mittelschiff der Kirche. Seine ursprüngliche Funktion als Gottesdienstraum ging durch die Aufstellung der zollerschen Hochgräber verloren. Die östliche Grablege wurde 1366 zusammen mit der darunterliegenden Hohenzollerngruft angelegt. Das Hochgrab ist 1568-1573 für den Markgrafen Georg Friedrich d.Ä. wesentlich erneuert worden. Die Tumba mit dem noch zu Lebzeiten entstandenen Liegebild ist ein Werk des Lukas Gruneberg. Das mittlere Hochgrab entstand für den Markgrafen Joachim Ernst (gest. 1625). Nach mehrfachen Unterbrechungen konnte das Grabmal erst 1726 fertiggestellt werden. Darunter erstreckt sich die eigens für den Markgrafen angelegte westliche Hohenzollerngruft; es sollte die letzte Bestattung eines Hohenzollern im Heilsbronner Münster sein. Die westliche Tumba wurde für die Kurfürstin Anna von Sachsen, Gemahlin des Albrecht Achilles, geschaffen. Die noch ganz dem gotischen Stil verpflichtete Ausführung wird dem „Hauptmeister der Ansbacher Schwanenritter" (wohl Jörg Armpaur) zugeschrieben. Unter der Grablege befindet sich eine der Schwabachquellen, die Mitte des 19. Jahrhunderts in Sandstein gefaßt und über Treppen zugänglich gemacht wurde.

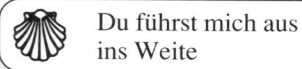 Du führst mich aus ins Weite

Von der Weite des Weges in die Enge des Raumes, so empfindet es der Besucher, wenn er in die Kirche eintritt. Er kommt von außerhalb und von außen in einen Raum, der ihn umfängt, wohltuende Atmosphäre und Geborgenheit ausstrahlt. Der Besucher wird überrascht sein von der Größe und der Weite dieser Kirche, von Architektur und Ausstattung. Viele rechnen nicht damit und sind froh, in ihr eingetreten zu sein.

Es ist eine ehemalige Klosterkirche. Sie hat vierhundert Jahre lang dem Zisterzienserorden gedient bis um 1530 in der Markgrafschaft Ansbach die Reformation eingeführt worden ist. 328 Jahre lang fanden hier Hohenzollernbestattungen statt. Hier öffnet sich dem Besucher Frömmigkeit, Geschichte und Kultur, die weit in das 12. Jh. zurückgreift. Das Münster Heilsbronn ist eine Stätte des Gebetes und des Gottesdienstes, Zeugnis der Romanik und Gotik in Architektur und Kunst. Sie ist Gemeindekirche mit Gottesdiensten und geistlicher Musik. Wer sich Zeit nimmt, in Stille und Ruhe dieses Gotteshaus auf sich wirken läßt, der wird bald aus der Enge eines Raumes in die Weite menschlichen und göttlichen Geistes geführt.

Das Geleitwort ist dem 18. Psalm entnommen. Es ist ein Dankgebet des Königs David für Rettung und Sieg. Was mag ihm alles begegnet sein. Er spricht von Feinden, Fluten des Verderbens, vom Beben und Wanken der Erde, von Feuer und Flammen, von Dunkel und Finsternis und Stricken des Todes. Situationen, die uns auf unseren Wegen nicht unbekannt sind. Es wird immer eng um uns. Enge und Angst stehen im Zusammenhang. Mancher Kirchenbesucher vertraut diese Engen seines Lebens der Gebetswand an.

Die Begegnung auf dem Weg mit Gott soll diese Kirche ermöglichen. Sie können diese Kirche „genießen", in ihr Ruhe und Stille finden, etwas vom Geist monastischen Lebens spüren und auch die Weite des Glaubens, der aus dem Evangelium wächst, erfahren. Im beengten Kirchenraum spüren wir die Großherzigkeit Gottes, die Weite, nach dem anderen Psalmwort (31,9): „Du stellst meine Füße auf weiten Raum".

Dem „Pilger" bietet sich bei seinem Wandern, bei seinem Schreiten durch die Weite des Raumes, der fernliegende Horizont. Das ist ein beglückendes Erlebnis aus der Enge des täglichen Einerlei die Weite des Raumes und die Größe des Himmels mit Wolken, Sonne, Mond und Sternen erleben zu dürfen. Das

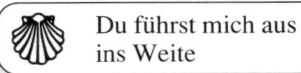

Du führst mich aus
ins Weite

ist mehr als Wandern, mehr als ein organisiertes Fitnespro-
gramm. Das ist pilgern auf der Straße durch die Welt zu Gott, ein
Schreiten durch den Horizont, eine beglückende Vorahnung des
Raumes und der Zeit, die Ziel unseres Pilgerns sind. „Er führt
mich hinaus ins Weite" und „Er stellt meine Füße auf weiten
Raum". Ein Erlebnis, das die Menschen heute in der Sinnsuche
und im Suchen nach Halt und Orientierung brauchen. Diese Kirche möge dem „Pilger" etwas davon mitteilen und ihn reich beschenken.

Paul Geißendörfer

Unter den beiden östlichen Mittelschiffsarkaden stehen die
Grabmäler des Konrad von Heideck (Nord) und des Emicho und
Johann von Nassau (Süd).

Die westlich an das Langhaus angebaute Ritterkapelle beherbergt die Grablegen fränkischer Adeliger; zu den einzelnen
heraldisch geschmückten Grabplatten vgl. P. Geißendörfers Kirchenführer. Obwohl in der Ritterkapelle ehemals zwei der ursprünglich 29 Altäre des Münsters standen, handelt es sich doch
nicht um den Westchor der Kirche.

Im nördlichen Nebenschiff wenden wir uns gleich dem stei-
nernen Epitaph für Markgraf Georg den Frommen und Friedrich
d.Ä., seinen Vater, zu. Es handelt sich um ein Hauptwerk des
Loy Hering, das G. Dehio zu den hervorragendsten Grabmälern
der deutschen Frührenaissance zählte. Das 1538 geschaffene
Marmorepitaph in Gestalt einer Ädikula zeigt die beiden Markgrafen in Anbetung des Gekreuzigten. Die illusionistische Rä-
umlichkeit der Szene, die ausgewogene Gesamtkomposition sowie die architektonischen Einzelglieder sind charakteristische
Merkmale des Stils. Am östlichen Ende des Nebenschiffes sei
auf die Gedächtnistafel für den Markgrafen Albrecht Alcibiades
hingewiesen (1557 von Lukas Gruneberg).

Nach Verlassen der Kirche durch das Portal am nördlichen
Querhausende empfiehlt sich noch ein kurzer Gang rund um das
Münster. (Die Kirche ist tagsüber geöffnet.)

Spitalkapelle

Von der ehem. Klosteranlage sind noch einzelne Gebäude
vorhanden. Der ehem. Kreuzgang, der sich im Norden an die
Kirche anschloß, wurde 1770 abgerissen. Das **ehem. Refektori-
um** (jetzt evang. Gemeindesaal; nicht zu besichtigen) nördlich
der Kirche ist das einzig vollständig erhaltene Klostergebäude.

Der spätromanische Saal zu vier Jochen entstand wohl in der ersten Hälfte des 13. Jahrhunderts und wurde später umgebaut. Vom **ehem. Dormitorium** sind nur noch Teile der Umfassungsmauern original. Hier war einst die Fürstenschule untergebracht. Die „**Neue Abtei**" (jetzt Religionspädagogisches Zentrum der evang.-luth. Kirche in Bayern) entstand gegen Ende des 13. Jahrhunderts im Anschluß an die gotische Chorerweiterung des Münsters. Der Südflügel wurde 1485-1489 angebaut, der Turm für das Urkundenarchiv 1519. Das Gebäude mit interessanten Innenräumen kann leider nicht besichtigt werden. Von den **klösterlichen Wirtschaftsgebäuden** sei die spätgotische Mühle erwähnt, die 1336 erstmals urkundlich genannt wird. Im Hof der Klosterbrauerei befindet sich die **ehem. Klosterspitalkapelle**. Sie entstand in der zweiten Hälfte des 13. Jahrhunderts und wurde in frühgotischer Zeit nach Westen hin erweitert. Der Saalbau zu zwei Jochen mußte eingreifende bauliche Veränderungen erfahren. Im 18. Jahrhundert wurde das Kapellenobergeschoß abgerissen und durch das heutige Fachwerkwohnhaus ersetzt. Das architektonische Unikum erhielt daraufhin den Spitznamen „Heilsbronner Kanzel".

Pilgerbrot im Schaufenster einer Bäckerei

Das **evang.-luth. Pfarrhaus** (seit 1747) wurde ursprünglich als Jagdschloß der Grafen von Abenberg errichtet. Seit dem 13. Jahrhundert war es Burggrafenhaus und diente zahlreichen Kaisern und Markgrafen als Gästehaus. Der mächtige **Katharinenturm** wurde 1771 aus der Ruine der 1330 entstandenen Katharinenkirche errichtet.

Zurück zum Heilsbronner Marktplatz. Vor dem „Dicken Turm" weist uns unser Wegzeichen, die „Jakobsmuschel", rechts auf den „Lindenplatz". Ein Fußgängerweg bringt uns zu einem Weiher. Hier links hinauf und sofort rechts durch die „Wiesenstraße"! Geradeaus über den Parkplatz und am Freibad vorbei aus der Stadt hinaus. Wir haben nun einen Feldweg unter den Füßen, auf dem wir uns zielstrebig dem Wald nähern. Bei den idyllisch gelegenen Weihern betreten wir schließlich den Ketteldorfer Forst.

*Herrlicher Mischwald mit schönen Buchen- und Eichenbeständen umgibt uns; die Markierung leitet uns sicher! Nach einem Weilchen müssen wir bei einer Bahnschranke die Rufanlage betätigen. Schnurgerade wandern wir nordwärts, bis uns nach schätzungsweise 800 Metern an einer Forstwegekreuzung die Muschelzeichen nach links beordern. Wieder ziemlich lange geradeaus, bis es linker Hand licht wird. Kurz darauf gibt uns der Wald frei; über die Fluren grüßt der Großhaslacher Kirchturm herüber, entschwindet aber bald wieder unseren Blicken. In weitem Linksbogen kurvt unser Weg längs eines Waldstücks hinab zur Straße, auf welcher wir die letzten paar 100 Meter in die Ortsmitte von **Großhaslach** zurücklegen. Natürlich statten wir der hoch über dem Dorf gelegenen Markgrafenkirche einen Besuch ab!*

Die evang.-luth. Pfarrkirche St. Maria geht auf eine alte Wehrkirche mit befestigtem Friedhof zurück. 1144 wird die Pfarrei erstmals urkundlich genannt. Damals ging das Patronatsrecht vom Kloster Heilsbronn an den Würzburger Bischof Embrico, kam aber 1300 wieder zurück nach Heilsbronn.

In gotischer Zeit erfolgte ein Kirchenneubau, dessen Turm von 1497 erhalten blieb. 1531 wurde Großhaslach evangelisch.

Nach der Mitte des 18. Jahrhunderts war die Kirche von zunehmender Baufälligkeit bedroht. 1781 beauftragte die Mark-

64

grafschaft den mittlerweile 79jährigen Johann David Steingruber mit der baulichen Erneuerung. 1783 entstand in Großhaslach
der letzte, nach Steingrubers Plänen gestaltete Kirchenbau.

Der gotische Turm blieb unangetastet, Langhaus und Chor
wurden barockisiert. Die Kirche erhielt neue Fenster, die Portale

ihre heutigen Barockformen. In den Chor wurde eine Altarwand mit darüber befindlicher Orgelempore eingezogen, um die Sakristei im Osten abzutrennen. Chor und Langhaus ließ Steingruber ein Mansarddach aufsetzen, das mit einer zusätzlichen unteren Fensterreihe versehen ist. Dadurch gelang eine behelfsmäßige Erhöhung der Langhauswände, mit der Raum und Licht für die im Norden und Westen doppelgeschossigen Emporen geschaffen wurden.

Im Inneren der Saalkirche zählen Emporen und Kanzelaltar zur typischen Einrichtung einer Markgrafenkirche. Das Altargemälde von 1784 stammt vom Ansbacher Hofmaler Friedrich Gotthard Naumann, der sein Werk der Kirche stiftete. Es stellt Christus beim Gebet im Garten Gethsemane dar. Das Holzkruzifix ist eine Stiftung von 1783. Sehenswert sind die kleinformatigen Glasmalereien, die in die Fenster der Südseite auf Höhe des ersten Emporengeschosses eingelassen sind. Sie sind zum Teil die letzten Überbleibsel der alten Kirchenausstattung. Im 3. Fenster befindet sich das Glasgemälde eines unbekannten Heiligen aus dem 17. Jahrhundert. Im darauffolgenden Fenster sehen wir das um 1500 gemalte Wappen der Herren von Rotenhan. Vom Ende des 18. Jahrhunderts stammt die Darstellung des Propheten Hiob mit Spruch im unteren Teil des rund geschnittenen Glases.

Der Schlüssel zur Kirche ist im Pfarramt erhältlich.

An der westlichen Mauer der Friedhofsbefestigung liegt das spätgotische **Bahrhaus** (um 1500) mit seinen beiden kielbogenförmig gestalteten Eingängen. Südlich der Kirche befindet sich ein **Taufstein** (12./13. Jh.), der wohl zur Ausstattung des Gründungsbaus gehörte. Das **Pfarrhaus** wurde 1736 von Johann David Steingruber errichtet.

1144 wird der Ort als „Haselaha" („Siedlung an einem von Haselsträuchern gesäumten Bach") erstmals genannt.

Den neuen Friedhof erreichen wir auf dem an Kirche und Bahrhaus vorbeiführenden Teerweg. Wir folgen nun rechts dem immer am Wiesenrain verlaufenden Pfad (nicht die Stufen hinunter!), auf dem wir hinab zu dem vom Ort kommenden Sträßchen „Bruckberger Weg" gelangen. Auf ihm zu dem vielleicht 20 Meter im Waldinneren befindlichen „Kreuzstein", eigentlich ein Steinkreuz, das etwas überwuchert sein kann. Es markiert die Weggabelung zwischen Bruckberg und Reckersdorf. Mit dem

*Muschelzeichen laufen wir auf dem linken Wegast - also in bis-
heriger Richtung - weiter. Längere Zeit wandern wir stets geradeaus, wobei wir einmal einen breiten, mit einer roten Kreuz-
markierung versehenen Forstweg queren. Ins Freie tretend, genießen wir die schöne Aussicht auf die Gegend, welche wir jetzt
durchstreifen werden! Ein Wiesenweg bringt uns durch die Fluren abwärts ins 1295 urkundlich erwähnte **Reckersdorf** („zum
Dorf eines gewissen Recker"), das ein Bauernhaus aus dem 17.
Jahrhundert (mit Fachwerkgiebel) sowie eine Wassermühle aus
dem 18. Jahrhundert aufzuweisen hat.*

*Rasch haben wir die wenigen Häuser hinter uns gelassen, so-
wohl den Haselbach als auch die Autostraße überquert und stei-*

*gen nun den Schotterweg bergan. Erneut nimmt uns der Wald auf! Ganz oben, bei der Einmündung in einen Querweg, etwa 25 Meter links, dann wieder rechts - also in alter Richtung weiter! Bei der folgenden Gabelung nehmen wir den rechten Ast. Schließlich erreichen wir freies Feld mit Blick auf das hoch über dem tief eingeschnittenen Tal des Zellerbaches gelegene **Forst**. Unser Weg schlängelt sich über die Fluren darauf zu.*

1291 datiert die erste urkundliche Nennung der Ortschaft und ihrer Pfarrei.

Die **evang.-luth. Pfarrkirche St. Stephanus** geht zurück auf einen gotischen Vorgängerbau, dessen Turm mit achtseitigem Helm erhalten blieb. 1528 erfolgte die Einführung der Reformation, danach wurde St. Stephanus Tochterkirche von Weihenzell. Von 1856 an wieder eigenständige Pfarrkirche, wird Forst seit 1974 von Weihenzell mitbetreut.

1756 ließ die Markgrafschaft das baufällig gewordene Langhaus neu errichten. Die Bauleitung bekam Johann David Steingruber übertragen. Der schlichte Saalbau im „Markgrafenstil" ist mit umlaufenden, doppelgeschossigen Emporen ausgestattet. Im Osten trennt die Altarwand den sich anschließenden Sakristeianbau ab. Je ein Durchgang gestattet hier den Zugang, sowie den Aufgang zur Kanzel und der darüber befindlichen Orgelempore. 1898 fand eine Renovierung des Kircheninneren statt.

Der Kanzelaltar (1756) geht auf den Bildhauer Johann Martin Rendel (Wilhermsdorf) zurück; das Altargemälde ist modern. Die Orgel gehört ebenfalls noch zur Ausstattung des 18. Jahrhunderts. 1898 war sie auf die Westseite versetzt worden, ehe sie 1978 nach ihrer letzten, grundlegenden Renovierung wieder an ihren ursprünglichen Platz über dem Kanzelaltar verbracht wurde. An der Nordwand des Saales befindet sich ein Kruzifix aus der ersten Hälfte des 19. Jahrhunderts. Von der Renovierung 1898 stammen die Stuckdekoration der Flachdecke und die anderen figürlichen Stukkaturen im Kirchenraum.

Schlüssel zur Kirche ist im Haus Nr. 2 bei Fam. Bogenreuther erhältlich (gegenüber der Kirche).

Das **ehem. markgräfliche Jagdschlößchen** nebenan ist ein zweigeschossiger Bau mit Mansarddach aus der Zeit des Kirchenneubaus. An der Scheune ist die Jahreszahl 1755 zu lesen.

St. Jakobskirche in Weihenzell

Wir verlassen Forst auf der nach Petersdorf führenden Straße. Nach einem Weilchen schwenken wir in die erste nennenswerte Linksabzweigung nach dem Ortsende ein und halten auf die

Jakobusfigur in der Kirche von Weihenzell

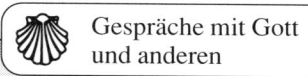 Gespräche mit Gott und anderen

„Unterwegs im Zeichen der Muschel" - eine geläufige Umschreibung der Jakobspilgerschaft.

Unterwegs sind wir alle, täglich, selbst wenn wir noch so gerne Standpunkte haben, einnehmen, vertreten, verteidigen ...

„Unterwegs im Zeichen der Muschel" freilich hat eine besondere Qualität: horchen - hören - lauschen verbinde ich damit. In diesem Dreiklang steckt durchaus eine Steigerung - „Der Lauschende" von Ernst Barlach kommt mir in den Sinn.

„Ich lernte, das Wesentliche vom Unwichtigen in meinem Leben zu unterscheiden", resümierte ein Holländer, als er zu Fuß in Santiago de Compostela ankommt.

Wäre das nicht ein hilf- und segensreiches Ergebnis des Pilgerns? Die Muschel weist ja auf SCHÖPFEN hin: Kraft tanken, mit revidierter Einstellung und Segen sich beschenken lassen!

Gerade in diesen Tagen stoße ich auf zwei für unsere Zeit symptomatische Lesefrüchte, Kennzeichen innerer Armut. Da bietet ein großer Filialist per Anzeige Radios in Muschelform an. HÖREN erleben wir eher als Dauerberieselung und damit als Zerstreuung. Ergebnis?? Da bekennt eine 32-jährige TV-Moderatorin, eben erst beruflich gescheitert: „Hatte zuviel gearbeitet und zuwenig nachgedacht - ein Leben im Schweinsgalopp..."

Pilgern hat mit Horchen - Hören - Lauschen zu tun. Die meisten Jakobsfiguren werden mit einer Bibel dargestellt. Hinweis sicher auf die Missionstätigkeit des Apostels, aber darin verbirgt sich auch der lebendige Dialog mit Gott, im Hören auf sein Wort und im Gespräch mit ihm - im Beten also.

Die Gewandung des Jakobspilgers hat ja einen geschichtlichen Ort: um 1000/1100 in den mittelalterlichen sog. PEREGRINUS-Spielen am zweiten Ostertag. Wesentlicher Inhalt war die Darstellung der Jünger auf dem Weg nach Emmaus. Auf dem Weg begegnete diesen, den FREMDEN, Christus, ebenfalls als PEREGRINUS (= Fremder). Von dieser lateinischen Bezeichnung wurde später das Wort PILGER abgeleitet. Die Spielanweisung sah exakt die Pilgerattribute für die Darsteller vor, die wir von Jakobsdarstellungen kennen. „Während sie redeten und ihre Gedanken austauschten, kam Jesus hinzu und ging mit ihnen" (Luk. 24,15).

MENSCHEN GEMEINSAM UNTERWEGS - sich mitteilen - sich austauschen - aufeinander hören - auf IHN hören.

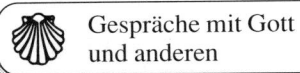

Gespräche mit Gott
und anderen

Manchmal höre ich die Älteren beklagen, daß es den Kirchweg nicht mehr gibt: zwei, auch vier Kilometer vom Gottesdienst nach Hause, gemeinsam und nicht nur im Tratsch vertieft. „Herr wir gehen Hand in Hand, Wandrer nach dem Vaterland; laß dein Antlitz mit uns gehn, bis wir ganz im Lichte stehn".

Frank F. Hensel

*rechts vorspringende Waldspitze zu. Unsere Jakobsmuschel lotst uns hindurch und ein Stück am Waldsaum entlang. Ein breiter Schotterweg bringt uns zu einem Flurbereinigungssträßchen. Nicht lange, nachdem wir es gekreuzt haben, beschreibt der Weg eine Links-Rechts-Biegung und liefert uns an einem Wäldchen ab, neben dem wir weiterspazieren. An seinem Ende beginnt ein Wiesensteig, der sich nach **Weihenzell** hinabwindet.*

Der Ort wurde gegen 1050/60 vom Ansbacher Gumbertuskloster aus gegründet. Er zählt damit zu den nachweisbar ältesten Ortschaften im Landkreis Ansbach. 1299 ist Weihenzell erstmals urkundlich genannt. Die „Weyantcelle" meint die Niederlassung bzw. den Wirtschaftshof eines gleichnamigen Siedlers.

Wir begeben uns in die Ortsmitte zur **evang.-luth. Pfarrkirche St. Jakob**. Sie war ursprünglich Bestandteil einer Wehrkirchenanlage, deren massive Befestigung erhalten blieb. Der Friedhof birgt Grabplatten aus der Barockzeit.

1319 datiert die früheste urkundliche Erwähnung der Pfarrei Weihenzell. Der Turm der Kirche - heute auf der Nordseite - geht im Kern noch auf das 14. Jahrhundert zurück. Das einstmals gotische Kirchenschiff findet sich auf einem alten Kupferstich abgebildet. 1528 wurde Weihenzell evangelisch.

1713 erfolgte der Um- oder vielmehr Neubau der Jakobskirche unter dem ersten markgräflichen Hofbaumeister Ansbachs, Gabriel de Gabrieli. Das Innere der Saalkirche ist mit einer Doppelempore auf der Nord- und Westseite (mit Orgel) ausgestattet. Langhaus und Chor sind tonnengewölbt. Im hell ausgeleuchteten Halbrund des Chors steht der reich verzierte Altar. Er datiert aus der Zeit des Umbaus und trägt das brandenburgische Wappen. Das Altarblatt mit der Auferstehung Christi ist von 1831. Altar und der vor ihm stehende Taufstein bilden das liturgische Zentrum der Kirche. Die Kanzel am südlichen Chorpfeiler ist eine schlichte Arbeit aus dem 19. Jahrhundert.

1898 wurde südlich an den Chor ein Sakristeigebäude angebaut; die Sakristei befand sich bis dahin im Untergeschoß des Turmes. Erst in jüngster Zeit erfuhr die Kirche eine gründliche Renovierung, bei der im Inneren der farbenfrohe Bestand von 1857 wiederhergestellt wurde. Seit die Kirchweihe 1995 nach 224 Jahren wieder am Jakobitag gefeiert wird, schmückt den Altarraum eine geschnitzte Jakobsfigur, die im Allgäu nach einem mittelalterlichen Stich angefertigt wurde.

Die Kirche ist im Frühjahr und Sommer samstags und sonntags geöffnet, ansonsten ist der Schlüssel im Pfarramt oder in der Sparkasse gegenüber der Kirche erhältlich.

Beim Anwesen Haus-Nr. 19 befindet sich unter der Holzlege eine tonnengewölbte **Krypta**, die vielleicht noch aus der Zeit der Ortsgründung stammt. Sie gilt heute als Überbleibsel einer ersten Kapelle in Weihenzell. Die Krypta kann bislang nicht besichtigt werden. Von der ehem. St.-Veits-Kapelle, die 1499 erwähnt wird, gibt es keine baulichen Überreste mehr. Lediglich das „Kapellen-Feld" an der Straße nach Petersdorf weist heute noch auf den alten Standort hin. Unter den Fachwerkhäusern des 17./18. Jahrhunderts befindet sich im Garten des Anwesens Nr. 23 ein gefaßter Heilbrunnen. Die Quelle wurde Ende des 17. Jahrhunderts entdeckt und fand zeitweise großen Zulauf.

In Höhe der Bushaltestelle zeigt unsere Markierung in einen anfangs parallel zum Wernsbach verlaufenden Fußweg, der nach einer Weile in Teer übergeht. Am Sportzentrum rechts vor zur Straße, auf ihr rechts und bei der Neumühle (Wassermühle mit schmuckem Portal aus dem 18. Jahrhundert) über die Bachbrücke. Jetzt aufpassen: Um nicht auf der Straße nach Wernsbach marschieren zu müssen, verlassen wir den Ort auf der nach Zellrüglingen führenden Straße! Hinter dem letzten Haus biegen wir links in die Straße „Am Schelm" ein, welche sich oben im Wald als Schotterweg fortsetzt. Nachdem wir das Einzelanwesen zu unserer Linken passiert haben, zweigt halblinks ein grasiger

Waldweg ab, den wir nun benützen. Er steigt zunächst stetig an und verläuft dann ziemlich eben und gerade durch schönen Baumbestand. Nach geraumer Zeit tut sich eine Lichtung vor uns auf; wir wenden uns am Waldrand links abwärts. An der Waldecke ins Innere und sofort den schmalen Steig rechts hinunter (Vorsicht)! In wenigen Minuten sind wir bei den ersten Häusern von **Wernsbach** *angelangt und begeben uns zur Kirche.*

Die erste urkundliche Nennung des Ortes stammt von 1168 („Siedlung am Bach des Wernher").

Die evang.-luth. Pfarrkirche St. Johannes der Täufer befindet sich an der Stelle einer ehem. Marienkapelle, die für das 12. Jahrhundert nachweisbar ist. Im 15. Jahrhundert wurde hier eine Wehrkirche errichtet, deren Chorturm in den beiden unteren Geschossen heute noch besteht. Erhalten blieb auch die alte Friedhofsbefestigung mit ihrer hohen Mauer und dem gedeckten Tor auf der Südseite.

Wernsbach war zunächst Tochterkirchengemeinde von Weihenzell und wurde 1503 zur eigenständigen Pfarrei erhoben. 1528 erfolgte die Einführung der Reformation. 1634, inmitten des Dreißigjährigen Krieges, wurde Wernsbach infolge eines Racheaktes ausgeplündert und niedergebrannt. Das nahezu verlassene Dorf wurde nach Weihenzell eingemeindet. Erst 1659 erhielt die Gemeinde, die bis dahin wieder ihren alten Umfang erreicht hatte, erneut einen eigenen Pfarrer.

1716/17 kam es zum Umbau des gotischen Kirchenschiffes unter der Leitung des Ansbacher Hofbaumeisters Gabriel de Gabrieli. Die Nordwand des alten Langhauses mit anschließendem Bahrhaus wurde teilweise in die Neugestaltung miteinbezogen. Der hohe Saalbau erhielt ein Holztonnengewölbe mit Stichkappen und eine doppelgeschossige Empore auf der Nord- und Westseite. Die obere Emporenbrüstung trägt das geschnitzte markgräfliche Wappen. Das Chorgeschoß des gotischen Turmes wurde erweitert und mit einer Orgelempore versehen.

Altar, Kanzel und Taufstein stammen aus der Zeit des Umbaus. Im Zentrum des Altaraufbaus befindet sich eine freiplastische Kreuzigungsgruppe, in der Predella darunter ein Flachrelief mit Abendmahlsdarstellung. Die sehenswerte Kanzel, deren Korb Intarsien und figürlichen Schmuck zeigt, wurde auf der freien Südseite errichtet. Im nördlich gelegenen Bahrhaus, ur-

Abendmahlsdarstellung in der Predella

sprünglich wohl eine Kapelle, finden sich Reste spätgotischer Wandmalereien.

1757/60 erhielt der Turm sein achteckiges Glockengeschoß mit entsprechend gestaltetem Turmhelm.

Der Schlüssel zur Kirche ist im Pfarramt erhältlich.

*Auf der Vorfahrtsstraße weiter dorfauswärts. Die Jakobsmuschel schickt uns am Ortsende geradeaus das Nebensträßchen empor. Unterwegs Rückblicke ins Wernsbachtal! Oben in gleichbleibender Richtung über die Hochfläche. Die Teerung hört endlich auf; links unten versteckt sich die Ortschaft Schönbronn. Unser Weg nähert sich dem Wald, schwenkt davor aber nach links und steuert den schon längst sichtbaren **Röshof** an. An der Gaststätte vorbei, rechts weglos durch einen Wiesenstreifen und über die Fahrstraße. Ein Schotterweg bringt uns zu einem lichten Waldstück, das wir bald durchschritten haben. Rechts wird der Blick auf Kühndorf frei.*

*Nach geraumer Weile treffen wir auf eine Fahrstraße, welcher wir links bis zum Waldbeginn folgen. Dort rechts ab, gleich nochmals rechts und am Waldrand entlang! Später geht es an einer Birkengruppe vorbei durch die Fluren und auf dem Wiesenweg vollends hinab nach **Buhlsbach**. Über die Straße, beim Trafohaus kurz rechts und sofort links um das an die Wirtschaft anschließende Haus herum bergauf, also gewissermaßen durch*

74

den Bauernhof (auf keinen Fall mit Rotstrich weiter vorne links in den Teerweg)! Oben machen wir die Rechtsbiegung des Feldwegs nicht mit, sondern behalten unsere Richtung bei und „balancieren" auf dem kaum wahrnehmbaren Graspfad am Ackerrain zum Wald hinüber, in dem wir alsbald verschwinden.

Weiter innen durchqueren wir ein Gatter, wobei wir die Tore natürlich wieder ordentlich schließen! Auf teils sehr schmalen

Kapellenruine St. Jobst

Pfaden lotsen uns die Zeichen an der Hangkante durch den Wald. Erst nach längerer Zeit treten wir ins Freie und erblicken gleich voraus eine Turmruine. Es handelt sich um die **Kapellenruine St. Jobst** *auf dem Jobstberg (Kapellenberg).*

Der Lehrberger Lehnsherr Eustachius von Birkenfels ließ St. Jobst 1430 als Teil seines Herrensitzes errichten. Der hl. Jobst, eigentlich Jodokus (Königssohn der Bretagne und Eremit in Runiac, + um 669), gilt zusammen mit Jakobus d.Ä. als Schutzheiliger der Reisenden und Pilger. Seine Gebeine werden in der französischen Wallfahrtskirche St-Josse-sur-Mer (Picardie) aufbewahrt.

Nach dem Aussterben der Herren von Birkenfels verfiel die Lehrberger Kapelle. Im Dreißigjährigen Krieg wurde sie von den Schweden zerstört. Lediglich die Turmruine konnte 1870 noch renoviert werden. Der Chorturm zeigt im Schlußstein des Gewölbes das Birkenfelsische Familienwappen. Der zweigeschossige Turm wurde als Wahrzeichen Lehrbergs in das Ortswappen aufgenommen.

Auf dem Sträßchen links und im Bogen mit herrlichem Freiblick hinab nach **Lehrberg**.

Der Ort gehörte wohl zu den Gütern, mit denen im 8. Jh. der Gründer des Klosters Herrieden seine Stiftung ausgestattet hatte. 888 kam Lehrberg mit Herrieden zum Hochstift Eichstätt. Die erste urkundliche Erwähnung Lehrbergs bezieht sich auf das Jahr 1059 und erfolgt in Zusammenhang mit der Kirchweihe von St. Margaretha. Die Nennung als „Lerenburen" meint eine neue „Siedlung bei den von früheren Bewohnern verlassenen Gebäuden". Später wurden die Herren von Birkenfels als Grundherren in Lehrberg ansässig. Nach deren Aussterben kam das Lehrberger Erbe 1450 schließlich an den Ansbacher Markgrafen.

Die **evang.-luth. Pfarrkirche St. Margaretha** wurde 1059 unter dem Patrozinium von St. Margaretha, St. Salvator, Hl. Kreuz und St. Maria geweiht. Der Eichstätter Bischof Gundekar II. brachte ihr Reliquien, die angeblich vom Kreuz Christi stammten (ein Nagel und ein Stück Holz). Im ausgehenden 13. Jahrhundert wurde die Lehrberger Kirche ein beliebtes Wallfahrtsziel. Im 15. Jahrhundert kam es zum Anbau zweier Kapel-

Hohenzollernwappen an einem Türsturz

len, die den Heiligen Leonhard (1417) und Helena (1492) geweiht waren; beide wurden später abgebrochen. 1528 wurde Lehrberg evangelisch.

Ab dem 16. Jahrhundert lag das Geschick der Lehrberger Kirche in den Händen der Markgrafen von Ansbach. 1729-1731 beschäftigte die Markgrafschaft ihren Hofbaumeister Leopold Retty mit der Umgestaltung der Kirche. Am Bau beteiligt war der junge Johann David Steingruber, der unter Rettys Leitung seinen ersten Kirchenbau errichtete. Der hintere Turm des Vorgängerbaus wurde eingerissen, der Chorturm hingegen beibehalten und in seiner Mauersubstanz verstärkt. Das Langhaus wurde im „Markgrafenstil" neu errichtet. Der Saalbau zu drei Achsen ist mit einem Spiegelgewölbe und einer umlaufender Empore ausgestattet.

1785 erhielt der Turm ein neues Obergeschoß und die Haube mit augesetztem Helm. Ende des 19. Jahrhunderts wurden die Vorhallen über den äußeren Portalen errichtet.

Im Inneren ist die Sakramentsnische mit architektonischem Zierat des 14. Jahrhunderts als Überbleibsel der mittelalterlichen Ausstattung hervorzuheben.

Der Schlüssel zur Kirche ist im Pfarramt erhältlich.

Im Westen des ummauerten Friedhofes befindet sich die **Grabkapelle** aus der Mitte des 18. Jahrhunderts. Das Pfarrhaus entstand 1746/47 unter der Bauleitung Johann David Steingrubers.

An der Lehrberger Kirche vorbei, marschieren wir auf der Hauptstraße ortsauswärts über die Brücke der Fränkischen Re-

zat. *Danach schickt uns die Jakobsmuschel sofort nach links,
aber gleich wieder rechts hinauf zur Straße. Im Linksbogen unter ihr hindurch und zunächst neben den Bahngleisen hin. Die
stillgelegte Straße bringt uns in etwa einer Viertelstunde nach*
Unterheßbach. *Über die Hauptstraße und auf dem Pflasterweg
in Richtung Wald! Beim Sperrschild biegen wir rechts in einen
geschotterten Feldweg ein, der sich allmählich dem Wald
nähert. Dort kurz links empor und rechts auf dem Schotter-
sträßchen innen am Waldrand weiter.*

Ehem. Wallfahrtskirche St. Jakob
in Häslabronn bei Burg Colmberg

*Am Ende des Forststräßchens links empor ins Waldesinnere.
Nach einer geraumen Weile schwenken wir links in einen schönen Waldweg ein. Schon kurze Zeit später bedeutet uns die Markierung etwas unvermittelt, daß wir uns erneut links wenden
müssen! Nach einer nicht allzu langen Wanderung inner- und
außerhalb des Waldsaums geht es links durch den Waldgürtel
hinab nach dem vor uns im Tal liegenden* **Häslabronn**.

Die **evang.-luth. Filialkirche St. Jakob** war ehemals eine berühmte Wallfahrtskapelle. 1431 datiert ihre erste urkundliche

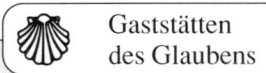

Er führet mich zum frischen Wasser ...

Ställe, Scheunen, Höfe und Bauernhäuser im romantischen Fachwerk, über mehrere Jahrhunderte kaum verändert, so zeigt sich Häslabronn heute.

Diese Häuser und Gebäude, Höfe und Gerätschaften erzählen die Geschichte der Menschen und ihrer Arbeit; sie erzählen vom harten Alltag, von Mühe und Zusammenhalt. Und da hinein gehört das St. Jakobs Kirchlein. Zwischen den Gebäuden, die Arbeit und Mühe, ja Lebenskampf symbolisieren, steht die Kirche, Symbol des 7. Tages, des Feiertages. Dieser Schöpfungstag Gottes gehört zum Ruhen und Erholen, zum Freuen und Feiern. Diesen Schöpfungstag feiert die Dorfgemeinschaft in ihrer Kirche, als Unterbrechung des Alltags, zur Stärkung für den Weg in die neue Woche.

In der Kirche kommt die Welt des Häslabronner Bauern mit der Welt des Pilgers zusammen: Zwischenetappe, Station, Haltepunkt, Raststätte - Gaststätte. Wer von Lehrberg kommend auf Häslabronn zugeht, verbindet mit dem nahenden Ziel die Hoffnung auf Stärkung für Leib und Seele.

Station auf dem Weg wie der Sonntag für die Woche: Anhalten und einhalten auf dem Weg, der den Lebensweg symbolisiert; anhalten und einhalten, Sonntag für Sonntag, bei Taufe und Konfirmation, bei Trauung und Beerdigung.

Der Weg durch eine Woche, der Weg von Lebensabschnitt zu Lebensabschnitt, der Weg durchs Leben, wird durch das Kommen-nach- und Gehen-von-Häslabronn lebendig erfahrbar:

Wie im Leben sucht man sich den Weg,

wie im Leben hofft man auf gutes Vorankommen,

wie im Leben sehnt man sich nach der Rast,

wie im Leben kommen und gehen - für kurz oder lang - die Wegbegleiter,

wie im Leben braucht man die Stärkung.

Dies darf an einer Station wie Häslabronn erfahren werden:

vielleicht im ruhigen Innenraum der Kirche etwas vom Sonntag im Alltag nachspüren;

vielleicht auf der Bank im schmucken Friedhof etwas vom Lebensweg verstehen lernen;

vielleicht an der Quelle Häslabronns ahnen „er führt mich zum frischen Wasser".

Christoph Seyler

Erwähnung anläßlich der Weihe von zwei Altären. Der spätgotische, dreigeschossige Chorturm ist wohl noch Teil des Gründungsbaus. Die Häslabronner Kirche gehörte zunächst zur Pfarrei Lehrberg, seit 1812 dann zu Colmberg; seit 1929 ist sie Colmberger Tochterkirchengemeinde.

Die Kirche war im Dreißigjährigen Krieg schwer in Mitleidenschaft gezogen worden. 1781 entschloß man sich zum Umbau im „Markgrafenstil". Der Chorturm wurde dabei in die Neugestaltung miteinbezogen.

Das Innere der Saalkirche ist schlicht gehalten. Den Raum bestimmt eine hufeisenförmig angelegte Empore, auf deren Westseite die Orgel untergebracht ist. In die Chornische wurde der Kanzelaltar eingepaßt, durch den Sakrament und Predigt in ihrer liturgischen Bedeutung gleichgesetzt sind. Bemerkenswert sind die beiden Patronatslogen an den Seiten. Die beiden Vortragekreuze stammen vom Ende des 18. Jahrhunderts. Ein äußeres Merkmal des „Markgrafenstils" ist das Mansardendach mit Dachgauben. 1992 konnte eine gründliche Außen- und Innenrenovierung der Kirche abgeschlossen werden.

Schlüssel zur Kirche: bei der Mesnerin Frau Braun, Häslabronn 5, erhältlich.

Der kleine Ort mit knapp 30 Einwohnern zählt zu den schönsten Dörfern Mittelfrankens. Sehenswert ist beispielsweise das Fachwerkhaus von 1765 mit Brandenburger Wappen schräg gegenüber der Kirche. Seit Juli 1992 ist Häslabronn Träger der Europa-Nostra-Medaille (Hinweisstein).

In Höhe des „Europa-Nostra-Steins" ziehen wir auf einem Pflasterweg aus Häslabronn hinaus. Bei den zwei im größeren Abstand folgenden Weggabelungen halten wir uns jeweils rechts. An der Waldspitze, nach den beiden Weihern, hört die Betonierung endlich auf. Stetig leicht ansteigend, verschwinden wir bald darauf im Wald, wobei wir uns den schönen Rückblick auf Häslabronn und Ansbach am Horizont nicht entgehen lassen dürfen!

Innen wird der Weg zunehmend steiler. Oben auf der Kammhöhe folgen wir dem guten Forstweg nach links. Wo er auf einen Querweg stößt (Ausblicke!), müssen wir rechts weiter. Nach einiger Zeit weisen die Markierungszeichen nach links. Sie dirigieren uns später jedoch wieder zu unserem Forstweg zurück,

auf dem wir beim Parkplatz links aus dem Wald hinausspazie-
ren. Am Fahrsträßchen angekommen, wenden wir uns mit ihm
abwärts. Dabei genießen wir die herrliche Aussicht auf **Colm-**
berg *und die gleichnamige alte Hohenzollernburg, welcher wir*
natürlich einen Besuch abstatten wollen. (Der kleine Wildpark
daneben ist sonntags geöffnet.)

Der Ort erhielt seinen Namen nach der Form des „Kolbenbergs"
mit der mittelalterlichen **Burg Colmberg**. Über einem nach drei
Seiten hin abfallenden Hang gelegen, beherrscht die Burg das
obere Altmühltal. Einstmals Reichsgut, wechselte sie mehrfach
ihren Besitzer. 1128 gehörte sie den Grafen von Hohenlohe,
1269 saßen die Truhendinger auf dem „Cholbenberc". 1318
kaufte der Nürnberger Burggraf Friedrich IV. die Burg. Später
war sie Sitz eines Oberamtes der Ansbacher Markgrafen, in
bayerischer Zeit eines Rentamtes. 1880 kam sie in Privatbesitz.
Heute wird Burg Colmberg als Restaurant- und Hotelbetrieb geführt.

   G. Dehio bezeichnete Burg Colmberg als „sehr schönes Beispiel einer mittelalterlichen Abschnittsburg". Gräben und Mauern unterteilen die Anlage in befestigte Abschnitte mit je einem
eigenen Hof. Da die Burg niemals eingenommen wurde, ist sie
bis heute sehr gut erhalten.

Durch ein Tor auf der Ostseite betreten wir den äußeren Bering. Die zweigeschossige Bastei stammt aus dem beginnenden 16. Jahrhundert. An die südliche Ringmauer angelehnt befindet sich ein frühgotisches Taufbecken, etwas weiter ein barockes Brunnenhäuschen. In die Nordostecke der Ringmauer ist der alte Pferdestall eingepaßt.

Von Norden her gelangt man in den inneren Bering. In der Südostecke liegt der die Anlage beherrschende Hauptbau der Burg, der Palas. Der romanische Bau wurde in gotischer Zeit verändert. Im unteren Kellergeschoß befand sich ehemals das Gefängnis, darüber die Küche und Vorratsräume. Von den drei Haupt-

geschossen diente das Erdgeschoß als Waffenhalle (heute Ritter-saal). Westlich schließt sich der Kapellentrakt an, der durch eine Quermauer zweigeteilt ist. Das erste Geschoß beherbergt im öst-lichen Teil die Burgkapelle. An die innere westliche Wehrmauer wurde Anfang des 18. Jahrhunderts das Rentamt angebaut. Da-bei bezog man das Untergeschoß eines älteren Baues, wohl des ehem. Marstalles, mit ein. Über dem Eingang befindet sich das Hohenzollernwappen. Der mächtige Bergfried mit staufischen Buckelquadern ist vom Wehrgang der nördlichen inneren Mauer über einen Steg zugänglich. Ursprünglich war er wohl auch mit dem Palas durch einen hoch gelegenen Laufgang verbunden. Im Falle eines Angriffs diente der Turm den Burgbewohnern als letzte Zufluchtsstätte. Die benachbarte Gerichtslaube über stei-nernen Pfeilern wurde in der heutigen Form Anfang des 16. Jahr-hunderts errichtet.

Vollends hinab in die Ortschaft, welche zahlreiche Wohnstall-häuser aus dem 18. Jahrhundert sowie drei walmdach- und fachwerkgeschmückte ehemalige Brauereien aufzuweisen hat. Im östlichen Teil Colmbergs, auf einer leichten Anhöhe, liegt die evang.-luth. Pfarrkirche St. Ursula. Größere Teile der Wehr-mauer um Kirche, Pfarrhaus, der alten Schule und um den ehe-maligen Friedhof sind zu erkennen. Der Turm der Kirche stammt noch vom gotischen Vorgängerbau aus dem 14. Jahr-hundert, das Langhaus ist ein Neubau von 1873/74; dabei wurde auch der Turm umgestaltet.

Unser Muschelzeichen führt jedoch nicht links ins Zentrum, sondern auf der „Rothenburger Straße" rechts ortsauswärts. Ab dem Ortsende-Schild parallel auf der Straße „Am Fohlenhof" weiter! Bei der Gabelung entscheiden wir uns für den rechten Straßenast. Ein Golfplatz und Fischzuchtbecken werden pas-siert. Schließlich strebt unser Flurbereinigungssträßchen vom Wald fort, kurvt aber gleich wieder nach rechts! Halblinks vor-aus gerät Oberhegenau in unser Blickfeld; nach einer Weile hal-ten wir längs einer Baum-Busch-Reihe darauf zu. Mitunter ist der Graspfad kaum zu erkennen.

*Nach Querung eines Flurbereinigungssträßchens bringt uns ein Schotterweg nach **Oberhegenau**. Links durch das Dörfchen bis zur Fahrstraße, auf der wir rechts knapp 300 Meter zurück-*

*legen. Dann löst sich links die Nebenstraße nach **Binzwangen**, wo wir nach gut zwanzig Minuten eintreffen. Gleich am Ortsbeginn überqueren wir die hier noch ganz junge Altmühl und begeben uns zur ersten Straßenkreuzung.*

Rechter Hand liegt die **evang.-luth. Pfarrkirche St. Sebastian, Cornelius und Cyprian**. 1330 war sie in Besitz des Neuen Stif-

tes in Spalt. Nach Einführung der Reformation 1601 wurde die Kirche inoffiziell vom Eichstätter Bistum verwaltet, dabei aber von den Ansbacher Markgrafen beansprucht.

1749 fand die Grundsteinlegung für den Kirchenneubau in seiner heutigen Gestalt statt. Die Pläne lieferte der Maurermeister Johann Georg Entenberger aus Herrieden, der auch die Bauleitung übernahm. Die Saalkirche erstreckt sich über drei Achsen und ist mit einem Chorturm verbunden.

Der auffallend hohe, quadratische Turm bildet die Schauseite der Kirche. Die Kartusche am Segmentgiebel des Turmportals bezeichnet das Weihedatum 1751. Die an der Ostseite des Turmes angebrachte Rocaillekartusche war ursprünglich für das Wappen des Eichstätter Bischofs bestimmt. Auf den Einspruch Ansbachs hin mußte sie in das heutige Auge Gottes in Strahlen mit darunter befindlicher Rosette umgewandelt werden.

Im Inneren ist eine umlaufende Empore eingezogen, die über zwei Treppenaufgänge im Westen der Kirche zu erreichen ist. Im Osten teilt eine Altarwand die Sakristei im gerundeten Chorschluß ab. Zwei hausteingerahmte Durchgänge gestatten hier den Zutritt. Über einen Durchgangsraum gelangt man in das Erdgeschoß des Turmes. Von hier aus führen Treppen auf die leicht vorspringende Orgelempore über der Altarwand.

Die Kirchenausstattung stammt aus der Zeit des Neubaus. Der reich gestaltete Kanzelaltar wurde wohl von Eichstätter Handwerkern geschaffen. Er ist mit aufwendigen Volutenbändern aus Stuck gerahmt, das moderne Altarbild zeigt die Auferstehung Christi. Der teilvergoldete Taufstein besteht aus einem Taufengel, der die Muschelschale trägt. Die Orgel, wahrscheinlich eine Arbeit des Rothenburger Orgelbauers Gessinger, enthält noch das originale Spielwerk.

Kirchenbau und -ausstattung sind im Auftrag des katholischen Hochstiftes Eichstätt entstanden. Dadurch erhielt das evang.-luth. Binzwangen eine Kirche, deren reiche ornamentale Ausgestaltung sie von den übrigen Bauten im „Markgrafenstil" reizvoll abhebt.

Binzwangen ist urkundlich bereits für das Jahr 888 belegt. Der alte Ortsname „Pinuzuuanga" wird als „Siedlung am mit Binsen bewachsenen grünen Gelände" gedeutet. Unter den Häusern der Ortschaft sind das Pfarrhaus von 1772 und das sog. „Schlößlein" mit spätmittelalterlichem Erdgeschoß hervorzuheben.

Von der erwähnten Kreuzung auf der nach Dornhausen führen-
den Straße aus dem Dorf hinaus! Erst bei der Trafo-Station 2
dürfen wir markierungsgemäß rechts in einen Schotterweg ein-
biegen. Dieser wird mit der Zeit zum Feld- und Wiesenweg, der
schließlich kaum mehr zu erkennen ist. Über die Wiese an einem
Weiher vorbei erreichen wir das vor uns liegende **Stettberg***.*

Der Ort ist für das 11. Jahrhundert erstmals urkundlich bezeugt
(„Stedeberc"). Die **evang.-luth. Pfarrkirche St. Nikolaus** ist
eine ehem. Wehrkirche, die inmitten Stettbergs im Bereich des
ummauerten Friedhofes liegt. Die gedrungene Chorturmkirche
stammt noch aus romanischer Zeit. 1351 wurde St. Nikolaus zur
selbständigen Pfarrei erhoben. Im Zuge dessen erfolgte wohl der
Anbau der Sakristei auf der Nordseite des Turmes. 1528 wurde
die Reformation in Stettberg eingeführt.

1618 kam es zu baulichen Veränderungen: Einige Fenster und
der Dachstuhl wurden erneuert, im Kircheninneren errichtete
man auf der West- und Nordseite Emporen. Um Platz für den
Einbau der Orgelempore zu schaffen, ersetzte man den romanischen Chorbogen durch den heutigen. Der westliche Eingang erhielt im Türsturz das markgräfliche Wappen. Um 1800 wurde
dem Turm das obere Geschoß aus Ziegeln aufgesetzt. Das Bahrhaus an der Nordseite des Langhauses ist modern.

Pilger auf dem Jakobsweg vor Stettberg

Im Rahmen der Ausstattung ist der hochmittelalterliche Altartisch mit dem gefaßten Kruzifix aus der Mitte des 18. Jahrhunderts bemerkenswert. Die Basis des Aufsatzes trägt das brandenburgische und württembergische Wappen. Die Kanzel, deren Schalldeckel die Jahreszahl 1775 aufweist, ist am Korb mit fünf biblischen Gemälden geschmückt. Der Taufstein stammt aus der ersten Hälfte des 19. Jahrhunderts. Um den Chorbogen und um einige Fenster befinden sich Rankenmalereien aus dem 17. Jahrhundert.

Zahlreiche Fachwerkscheunen und Wohnstallhäuser bestimmen das Ortsbild.

Bei der ersten Kreuzung im Ort marschieren wir links hinaus in Richtung Rothenburg! Nachdem wir den Ödenbach überschritten haben, gelangen wir rechts auf den Flurbereinigungsweg zu einem Wäldchen. An dessen Rand geradeaus weiter, dann rechts abwärts fast bis zum Bach! Genau auf die Markierung achten: links wieder aufwärts, dann rechts auf einen Waldweg, schließlich über die Fluren zu einer Teerstraße, der wir nun zu unserem Bedauern links längere Zeit folgen müssen. An der Straßenkreuzung angekommen, biegen wir rechts ab, bis uns nach knapp 200 Metern Anstieg unser Wegzeichen links auf einem Feldweg in den Wald „beordert". Innen Linksbiegung; unsere Muschel führt uns sicher auf nicht immer leicht als solche zu erkennenden Waldpfaden durch den Forst. Im Freien geradlinig auf dem Feldweg weiter, der bald eine leichte Rechtsbiegung vollführt. Er endet an einem Flurbereinigungsweg, mit dem es rechts weitergeht.

Bald „entnehmen" wir der Markierung, daß wir links in einen ebenfalls betonierten Flurweg einschwenken müssen. Wir wandern nun im Grund des Karrachbachs talaufwärts. Endlich ist die Betonierung zu Ende und die Gebäude der **Karrachmühle** *tauchen vor uns auf; bald sind wir dort! Der Hauptbau (um 1700, Fachwerkobergeschoß, Walmdach) bleibt links liegen. In der Südostecke des Karrachsees erregt ein fast quadratischer Turmhügel aus dem Mittelalter unser Interesse. Ebenfalls südöstlich des Sees verläuft ein gut erhaltenes Stück der Landwehr mit Wall und Graben aus dem frühen 15. Jahrhundert.*

Vorbei am Karrachsee (links von uns) mit seinen zahlreichen Seerosen nähern wir uns dem Wald. Innen lotst uns ein schmaler

Steig zu einem verschwiegenen Waldweiher. Zu unserer Überra-
schung weist die Markierung nicht links die Holzstufen empor,
sondern geradeaus! Auf dem zum Teil stark verwachsenen Graspfad, der bald ansteigt und etwas breiter wird, geraten wir trotzdem auf einen schönen Forstweg, dem wir rechts folgen. Schnurgerade verläuft er zu einer kurvenden Autostraße. Hier sofort
links auf dem Forstschottersträßchen zurück in den Karrach-
wald! Nach einigen hundert Metern zeigt die Markierung nach
rechts. Anfangs durch stark bruchgeschädigtes Forstgebiet,
dann durch schönen Mischwald führen uns die Muschelzeichen
zum Ortsrand von **Wachsenberg**. Durch das Dorf, am Ortsende
rechts zum Trafohäuschen und links auf dem Feldweg weiter.

Ziel: St. Jakob
im mittelalterlichen Rothenburg o. d. T.

Am Waldrand weisen die Markierungen links bergab. Jetzt aufpassen! Da wir die letzte öde „Betonstrecke" des Jakobsweges
vermeiden und eine Erweiterungsetappe dranhängen wollen,
verlassen wir hier die Jakobsmuschel-Markierung und begeben
uns ohne jegliche Zeichen auf dem bisher benutzten Feldweg
vollends auf die Hochfläche des Luginsland! Oben weite Sicht
auf **Rothenburg** und die umliegenden Ortschaften.

(Wer aber auf dem kürzesten Weg in die romantische Stadt kommen will, hält sich an das Muschelzeichen, erreicht längs der Autobahn den Schafhof und nach der Autobahnunterführung etwa 200 m dahinter ein schmales Flurbereinigungssträßchen, das von der Autostraße links abzweigt. In einer halben Stunde erreicht man mit der Jakobsmuschelmarkierung den Ortsrand von Rothenburg, kommt über den „Weidleinsweg" links in die „Schweinsdorfer Straße", die geradewegs zum „Galgentor" führt. Über „Galgengasse", „Weißer Turm" und „Georgengasse" kommt bald die Jakobskirche ins Blickfeld.)

*Wer sich Zeit für weitere 17 km (von Wachsenberg bis Rothenburg) nehmen kann, dem sei der lohnende Umweg empfohlen: Er wendet sich vor dem ersten Wasserbehälter bei der Aussichtsbank links und von der Hochfläche auf einem unmarkierten Grasweg steil abwärts, bis zu einem zweiten Wasserbehälter. Vor diesem rechts herum! Wir wandern auf dem schönen, vom Naturpark Frankenhöhe mit Lindenblatt markierten Forstweg weiter. Dieser verläuft ständig auf halber Höhe am Rand des „Schweinsdorfer Rangen". Bei Gabelung nicht rechts hinauf, sondern unten bleiben! Eine knappe halbe Stunde dürften wir so gewandert sein, bis bei dem idyllischen Waldweiher von rechts oben ein mit Blaukreuz gezeichneter Weg zu uns stößt. Wir vertrauen uns dieser Markierung an, setzen unsere Wanderung im Linksbogen fort, passieren noch einen Weiher und treffen auf eine Straße. Auf ihr links zur Autobahn, direkt vor ihr links bis zum nächsten Durchlaß. Jetzt unterqueren wir die Autobahn und ziehen in **Schweinsdorf** ein.*

Die älteste urkundliche Nennung des Ortes datiert 1249 („Swinsdorf"); der Ortsname wurde u.a. als „Dorf am Schweinsbach" gedeutet.

Die **evang.-luth. Pfarrkirche St. Ottilia** erhielt ihre heutige Gestalt in mehreren Bauabschnitten. Aus dem 12. Jahrhundert stammen noch die unteren Teile des Turmes, der sich jetzt im Süden der Kirche befindet. Die selten anzutreffende, stauferzeitliche Kirchenheilige Ottilia wird als Nothelferin bei Augenleiden angerufen. Der Besuch ihrer Grablege im Elsaß, wurde den Santiagopilgern im Mittelalter empfohlen.

1333 wurde Schweinsdorf auf Betreiben der Herren von Nortenberg von Gattenhofen separiert und zur eigenständigen Pfarrei erhoben. Kurz danach erfolgte der frühgotische Neubau von Langhaus und Chor. In der zweiten Hälfte des 15. Jahrhunderts wurde das Kirchenschiff nach Westen erweitert.

1525 brannte die Kirche. Im Zuge der Wiederherstellungsmaßnahmen wurde die heutige Flachdecke eingezogen, Chor und Langhaus erhielten Fenster in spätgotischen Formen. Aus nachreformatorischer Zeit stammen die Emporen im Kirchenschiff (1580 ff.) und die umlaufende Orgelempore im Chor (1777).

Im Kircheninneren ist die Kanzel von 1677 hervorzuheben, der Taufstein datiert 1783. Die Orgel geht auf das Jahr 1777 zurück. In den Chorfußboden eingelassen findet sich die Grabplatte für den Pfarrer Conrad Goldner (gest. 1472), in die zusätzlich eine Inschrift für den Pfarrer Johannes Schwarz (gest. 1571) eingemeißelt ist.

Altartisch und Kruzifix wurden 1951 neu geschaffen. Die alte, spätgotische Altarfigur, eine stehende Muttergottes von Tilman Riemenschneider, war 1777 entfernt und 1893 verkauft worden. 1993 wurde eine hochwertige Kopie der „Schweinsdorfer Madonna" (Budapest, Museum der Bildenden Künste) an der Südwand des Langhauses angebracht.

Der Schlüssel zur Kirche ist im Pfarramt erhältlich.

An der alten Verbindungsstraße nach Detwang gelegen, gab es in Schweinsdorf vielleicht auch eine **mittelalterliche Herberge**. Der einstige „Klosterhof", Lehenshof der Rothenburger Dominikanerinnen, wäre aufgrund seiner auffallenden Größe und seiner zwei Hofeinfahrten dafür geeignet gewesen; urkundliche Nachrichten existieren allerdings nicht. Der ehem. „Klosterhof" ist mittlerweile in mehreren Anwesen aufgegangen. Im Ort befinden sich schöne Fachwerkhäuser.

Mit Blaukreuz durch das Dorf, über die Hauptverkehrsstraße und halbrechts zum Bahnhaltepunkt. Auf der anderen Seite in unveränderter Richtung auf dem Sträßchen weiter, bis uns Blaukreuz links „feldeinwärts" weist. Auf Fahrspuren suchen wir einen Weg hinüber zur Baumreihe, wo uns unsere Markierung erwartet. Hinter dem Schilf verbirgt sich der Große Lindleinsee; bald wird er sichtbar! Wir bleiben am Ufer (Rückblick auf Schweinsdorf und die Frankenhöhe) bis zum See-Ende. Anschließend geradeaus und auf einem Wiesensteig längs des Kleinen Lindleinsees zum ehemaligen Chausseehaus, in welchem jetzt eine Töpferei eingerichtet ist.

Auf der stark befahrenen Straße kurz links, unmittelbar nach der Brücke mit Blaukreuz scharf rechts und nach etlichen Schritten auf dem Schotterweg rechts abwärts ins Steinbachtal. Nun folgt eine genußreiche Wanderung in diesem romantischen Tälchen, wobei wir immer wieder von der einen auf die andere Seite des Steinbachs wechseln (Achtung; bei hohem Wasserstand nicht über die erste Brücke gehen, sondern „diesseits" bleiben!). Etwa eine Dreiviertelstunde führt uns die „blaue" Markierung durch das herrliche Bachtal, dann tauchen unvermittelt die Häuser von **Steinbach** vor uns auf.

Noch vor dem Ortsende biegen wir auf dem unmarkierten Verbindungsweg links in die „Romantische Straße" ein. Wir marschieren auf ihr etwa 300 Meter bis knapp vor die Schwarzenmühle. Rechts über die Tauber! Drüben mit verschiedenen Markierungen, darunter das M/D-Zeichen des Main-Donau-Wegs, links und am Rastplatz beim Trafohäuschen erneut links über ein Nebenflüßchen der Tauber. Jetzt mit M/D oberhalb der Tauber weiter, an der Unteren Walkmühle und der Kläranlage vorbei. Nachdem wir auch noch die Langenmühle passiert haben, halten wir auf das vor uns sichtbar werdende **Detwang** zu. In wenigen Minuten sind wir dort!

Der Ort mit dem alten Namen „Dattevuanc" ist bereits 968 urkundlich genannt. Der Edelfreie Reinger, ein Mitglied der Gra-

fenfamilie Rothenburg-Komburg, stiftete einen ersten Kirchenbau, den der Würzburger Bischof Poppo II. (961-983) weihte.
1142 ging Detwang vom Würzburger Stift Neumünster in den
Besitz König Konrads III. über. Von 1258 bis zur Reformation
wurden Ort und Kirche vom Deutschen Orden verwaltet.

Mit der Erhebung der Rothenburger Jakobskirche - bis spätestens 1286 Tochterkirche Detwangs - zur eigenständigen Pfarrei
sank die kirchliche Bedeutung des Ortes. 1812 wurde Detwang
Filiale, 1929 Tochterkirchengemeinde von St. Jakob.

Die **evang.-luth. Kirche St. Peter und Paul** wurde nach
1170 anstelle des frühromanischen Gründungsbaus neu errichtet. Sie liegt innerhalb eines befestigten Friedhofes, den wir
durch einen romanischen Torbau betreten. Der sog. Neidkopf
über dem dortigen Portal gehörte ehemals zum Detwanger
Schlößchen. Die Chorturmkirche mit kleinem einschiffigen
Langhaus hat außen an der Süd- und Westseite des Schiffes je
ein romanisches Stufenportal aufzuweisen.

In gotischer Zeit kam es zu baulichen Veränderungen. Östlich
an den Chor wurde ein Nonnenoratorium angebaut (später Totenkapelle), in die nördliche Ecke zwischen Langhaus und Chor
die Sakristei. Im Inneren errichtete man die dreiteilige, lettnerar-
tige Arkadenstellung am Ostende des Langhauses.

1650 erfolgte der Einbau der Empore, im 18. Jahrhundert erhielt der Turm ein weiteres Geschoß.

Das bedeutendste Kunstwerk der Kirchenausstattung ist der
Hochaltar. Es handelt sich um den Kreuzigungsaltar Tilman Riemenschneiders, eines der wenigen erhalten gebliebenen Altarwerke des Würzburger Meisters. Der Kreuzigungsaltar entstand
um 1510/15, wurde jedoch nicht für Detwang geschaffen. Erst
1653 kam er aus der Rothenburger Michaelskapelle (um 1804
abgerissen) hierher. Bei der Aufstellung des Altars mußte der
Schrein um rund einen halben Meter verschmälert werden, für
Predella und Gesprenge war überhaupt kein Platz mehr. Die Fi-
gurengruppen im Schrein rücken heute enger als gedacht zusammen. Sie gelten als eigenhändige Arbeiten Riemenschneiders.
Unter dem Christus am Kreuz sehen wir links die Gruppe der
trauernden Frauen mit Johannes und rechts die Schar der Kriegs-
knechte unter Führung eines Pharisäers. Die inneren Flügelreliefs zeigen die Nacht am Ölberg (li.) und die Auferstehung
Christi (re.).

Kreuzigungsaltar

An der Nordwand des Chors befindet sich die Sakramentsnische von 1430/40. Seitlich der Nischentüre sind die Figuren der Marienverkündigung angebracht, darüber in einer eigenen Nische ein thronender Dominikanerheiliger.

Der nördliche Seitenaltar entstand um 1480/90 in einer mittelfränkischen Werkstatt. Im Schrein stehen die Figuren einer hl.

Jungfrau (um 1440/50, nicht zugehörig), Antonius der Eremit (li.) und ein unbekannter hl. Bischof (re.). Die Flügelgemälde zeigen das populäre Heiligenpaar Stephanus (li.) und Laurentius (re.). In der Predella halten Engel das Schweißtuch der Veronika. Aus derselben Werkstatt stammt der südliche Seitenaltar, der rund 20 Jahre später gearbeitet wurde. Auch hier ist die mittlere Schreinfigur, die stehende Muttergottes, nicht zugehörig; links von ihr befindet sich die hl. Ottilia, rechts eine unbekannte Heilige in Nonnentracht. Auf den Flügelinnenseiten sind die Schnitzfiguren der Heiligen Barbara (li.) und Magdalena (re.) zu sehen, in der Predella befindet sich die gemalte Darstellung der hl. Sippe.

Unter den größtenteils fragmentierten Wandmalereien des 14. Jahrhunderts sind die vier Evangelistensymbole in den Kappen des Chorgewölbes hervorzuheben. Eine sehr seltene Darstellung zeigt die Chornordwand; die Szene, in der Paulus den Zauberer Elymas durch Blindheit bestraft, ist allerdings stark beschädigt.

Rechts am Choreingang befindet sich ein kleines amulettartiges Brustkreuz aus Silber, das kurz nach 1000 geschaffen wurde. Die Rückseite ist mit filigranem Rankenwerk verziert, die Schmuckplatte der Vorderseite ging verloren. Das ottonische Brustkreuz, ursprünglich entweder in privatem Besitz oder für den liturgischen Gebrauch bestimmt, diente zur Aufbewahrung kleiner Reliquien.

Die Kanzel mit intarsienverziertem Korb stammt von 1723, der Taufstein von 1720. Das Vortragekreuz mit Widmungsinschrift auf der Rückseite ist 1789 bezeichnet. In der Kirche befinden sich mehrere Epitaphien aus dem 18. Jahrhundert.

In der östlich an die Kirche anschließenden Totenkapelle ist eine sehenswerte Totenleuchte aus dem 14. Jahrhundert in die rechteckige Wandöffnung auf der Südseite eingemauert; die Totenleuchte ist von außen sichtbar. Die Wandöffnung wird innen durch die beiden Hälften eines frühromanischen Priestergrabsteins eingefaßt, der aus der Zeit des Gründungsbaus stammt.

Nordwestlich der Kirche steht das sog. Klösterle. 1287 wird es als „conventus/Konvent" erstmals genannt. Ursprünglich diente es als Klause für Beginen, fromme Frauen, die ohne Gelübde ein gemeinsames, klosterähnliches Leben führten. 1399, in Vollzug des Beginenverbots von 1311, wurde das sog. Klösterle in das

Dominikanerinnenkloster der Stadt Rothenburg inkorporiert. In der Folgezeit erfuhr das Gebäude mehrfache bauliche Veränderungen.

Das **Detwanger Schlößchen** (nördlich der Kirche) ist ein turmähnliches Gebäude aus dem 13. Jahrhundert. Es diente wohl ehemals den jeweiligen Grundherren als Ortssitz.

Nun mit Rotstrich direkt an der Tauber entlang! An der Pulver- und Ludlesmühle vorbei kommen wir zur **Bronnenmühle.** *Wir überqueren die Tauber auf der „Barbarossabrücke" (Nach der Inschrift an der modernen Brückenfigur soll Friedrich Barbarossa Rothenburg Stadtrechte verliehen haben, was aber urkundlich nicht nachweisbar ist!) und schlagen links den „Taubertalweg" ein. Von jetzt an haben wir über uns immer die Silhouette von Rothenburg, ein äußerst reizvolles, stets wechselndes Bild! Auf dem Fußweg neben der Straße gelangen wir nach der Stegmühle zur Fuchsmühle mit dem* **Topplerschlößchen,** *auch „Rosental" und „Kaiserstuhl" genannt. Ein steinernes Bogenbrücklein überspannt den einst wassergefüllten Graben.*

Heinrich Toppler, der berühmteste Bürgermeister der einstmaligen Freien Reichsstadt Rothenburg, ließ das Topplerschlößchen 1387/88 als Sommersitz errichten. Der hoch aufragende, auf einem zweigeschossigen Sockel sitzende Bau ist ein frühes Beispiel eines kleinen patrizischen Landsitzes. Links über dem Eingang befindet sich das Wappen Topplers, zwei Würfel mit insgesamt 11 schwarzen Augen.

Auf dem Sträßchen weitergehend, passieren wir die Hausrödermühle und den „Toppler-Felsenkeller". Wunderschöne Panoramablicke! Die Lukasrödermühle lassen wir links unten liegen. Dann überschreiten wir bei der Herrenmühle die Doppelbrücke von 1330, die wie ein römischer Aquädukt das Tal überspannt! Danach rechts herum und unter der Brücke hindurch zur Kirche von **Kobolzell.**

Die **kath. Kirche Unserer Lieben Frau zu Kobolzell** wurde 1472-1504 anstelle einer älteren Marienkirche errichtet. Bereits 1525 fiel sie dem Bauernkrieg zum Opfer; die Kirche wurde geplündert und stand danach leer. Erst 1853-1860 fand die Wieder-

herstellung unter Karl Alexander von Heideloff statt. Die Kobolzeller Kirche wurde der katholischen Gemeinde als Geschenk
überlassen.

Das einschiffige Langhaus mit Westempore und der Chor zeigen reiche Sterngewölbe. Von der alten Ausstattung sind bemerkenswerte Bildwerke vom Ende des 15. und aus dem beginnenden 16. Jahrhundert erhalten. Der Kruzifixus stammt möglicherweise von einem Riemenschneider-Schüler. Die neugotischen
Zutaten im Kircheninneren gehen auf die Restaurierung Heideloffs zurück.

Der Ort, anfänglich noch im Besitz der Herren von Insingen,
erhielt seinen Namen nach einem hier befindlichen Siechkobel,
einer Einsiedler- und Leprosenstation vor den Toren der Stadt.
Die früheste urkundliche Nennung des Ortes stammt aus dem
Jahr 1298.

*Von der Kirche auf dem Fußweg - zwischendurch über Treppen
- hinauf nach **Rothenburg**.*

Das „romantische" Städtchen Frankens hat wie kaum ein anderer Ort seinen mittelalterlichen Stadtkern bewahrt. Der Name
„rot aussehende Burg" geht auf die Anfänge der Stadtentwicklung zurück. Bereits um 970 wurde die sog. Hinterburg auf dem
Bergvorsprung im Westen der Stadt errichtet. Bauherren waren

die Grafen von Rothenburg-Komburg. Nach deren Aussterben erwarb der Stauferherzog Konrad, der spätere König Konrad III., 1142 die Burg. Er ließ in unmittelbarer Nachbarschaft die sog. Vorderburg - später Reichsburg - errichten. 1144 wird Rothenburg erstmals urkundlich genannt („Rodenburch").

Ab der zweiten Hälfte des 12. Jahrhunderts ist ein ummauertes Stadtwesen anzunehmen. Der erste Mauerring ist entlang des Alten Stadtgrabens und der Judengasse (mit Röderbogen und Weißem Turm) noch deutlich zu erkennen.

Im 13./14. Jahrhundert erlebte die Stadt ihren Aufschwung. Vier Ordensgemeinschaften gründeten hier ihre Niederlassungen. 1274 verlieh Rudolf von Habsburg Rothenburg die Privilegien einer Freien Reichsstadt. Zur gleichen Zeit entwickelte sich ein städtisches Patriziat. Etwa 1330/80 wurde der erweiterte Befestigungsring mit seinen zahlreichen Türmen angelegt; das vor den Stadtmauern gelegene Spital wurde um 1380/1410 miteinbezogen (sog. „Kappenzipfel").

Ende des 14. Jahrhunderts erreichte die städtische Entwicklung unter dem mächtigen Bürgermeister Heinrich Toppler ihren Höhepunkt. Ab 1384 ständig im Amt, gelang es Toppler, durch Gebietserweiterungen dem reichsstädtischen Territorium Rothenburgs annähernd die gleiche Größe zu geben wie Nürnberg.

Weißer Turm, Einzug nach Rothenburg auf dem Jakobsweg

Toppler war ein geschickter politischer Stratege, der über die Stadt hinaus Ansehen genoß. Er war Parteigänger und persönlicher Freund König Wenzels. Mit dessen Absetzung 1400 kündigte sich auch das Ende Topplers an. In Vollzug der Reichsacht belagerte der Nürnberger Burggraf die Stadt. 1408 kam es zum Friedensschluß, infolge dessen Toppler gefangengesetzt wurde. Kurz darauf verstarb er unter mysteriösen Umständen im Verließ des Rathauses. Begraben liegt er in der Jakobskirche, wo man in der Topplerkapelle seinen Grabstein findet.

Während des Bauernaufstandes rückte Rothenburg 1525 noch einmal in den Mittelpunkt des Geschehens. Die Stadt verbündete sich dem Bauernführer Florian Geyer und mußte nach Scheitern des Aufstandes das markgräfliche Strafgericht über sich ergehen lassen. Im Dreißigjährigen Krieg litt sie unter mehrfachen Durchzügen und wechselnder Besatzung. Hoch verschuldet kam Rothenburg 1803 schließlich an Bayern. In der Folgezeit geriet die Stadt zusehends in Vergessenheit. Als die Maler und Schriftsteller der späten Romantik Rothenburg für sich entdeckten, nahm die moderne touristische Erschließung ihren Lauf.

*Von der Kobolzeller Kirche aufsteigend, betreten wir die Stadt im Südwesten und gelangen hinter dem Mauerring auf das Gelände der **ehemaligen Reichsburg**.*

Einzig erhalten gebliebener Bau, der an der Stauferburg ist die **ehem. Blasiuskapelle**, Teil des alten Burgpalas, im heutigen Burggarten. Nach der Umgestaltung zu einem einheitlichen Kapellenbau fand 1400 die Weihe statt. Vom reichen Freskenschmuck dieser Zeit sind heute noch bedeutende Reste zu sehen. Die Holzempore des 17. Jahrhunderts kam erst nach 1900 aus Nürnberg in die Kapelle. Am Außenbau sind die romanischen Fensterformen sowie ein verwittertes Relief der thronenden Muttergottes mit Stifterpaar (Westseite) beachtenswert.

Nachdem wir uns den Burggarten angeschaut haben, gelangen wir durch das Burgtor hindurch in die historische Altstadt. Ziel unserer „Pilgerwanderung" ist natürlich die St.-Jakobs-Kirche mit dem berühmten Heiligblutaltar von Tilman Riemenschneider.

Die **evang.-luth. Stadtkirche St. Jakob** liegt inmitten der Altstadt an erhöhter Stelle. Eine erste romanische Kirche bestand
bereits Ende des 12. Jahrhunderts, ihre damalige Mutterkirche
war Detwang. 1258 kam das Rothenburger Kirchenbauwesen in

die Hände des Deutschen Ritterordens. Bereits 1266 wurde die Wallfahrtskapelle Heilig-Blut geweiht. Ihre kostbare Reliquie machte Rothenburg zu einem regional bedeutsamen Wallfahrtsziel. Die Kapelle im Westen der Kirche stand zunächst isoliert. Spätestens 1286 wurde St. Jakob zur eigenständigen Pfarrei erhoben.

Um 1310/15 veranlaßte der Deutsche Orden den gotischen Neubau des Ostchors, der zusammen mit den Turmfundamenten errichtet wurde. 1373 erfolgte die Grundsteinlegung zum neuen Langhaus. Dabei scheint die bestehende Kirche von Osten her zunächst überbaut worden zu sein, denn erst um 1450 wurde das romanische Langhaus abgerissen.

1398 ging das Kirchenbauwesen vom Deutschen Orden an die Stadt über. 1436 war der Langhausbau vollendet.

Die dreischiffige Pfeilerbasilika erstreckt sich über sieben kreuzrippengewölbte Joche. Die in zwei Achsen an die Nebenschiffe angebauten Kapellen, darunter die südöstlich gelegene Topplerkapelle, stammen aus dem 14. und 15. Jahrhundert.

1453-1471 wurde die Heiligblutkapelle im Westen neu errichtet. Vater und Sohn Nikolaus Eseler, die bereits beim Bau von St. Georg in Dinkelsbühl gemeinsam gewirkt hatten, waren mit der Bauleitung beauftragt. Die für das Äußere charakteristische Überbauung der Klingengasse besorgte der Nürnberger Hanns Müllner. Der Westbau gliedert sich in eine Erdgeschoßhalle und ein Obergeschoß, die Heiligblutkapelle. 1485 erfolgte die Schlußweihe der nunmehr von Grund auf erneuerten Kirche.

Nach Einführung der Reformation 1544 kam es zu mehreren „Renovierungen", die das Innere der Jakobskirche veränderten. Zwischen 1573 und 1587 erhielt der Innenraum seine dekorative Ausmalung. Der Heiligblutaltar gelangte von seinem ursprünglichen Standort auf der Westempore an den östlichen Chorbogen. In der ersten Hälfte des 17. Jahrhunderts wurden Emporen in die Seitenschiffe und Kapellen eingebaut. 1852-1867 führte Karl Alexander von Heideloff eine umfassende Restaurierung durch. Der gotische Innenraum sollte „stilrein" wiederhergestellt werden. Heideloff ließ zahlreiche nachreformatorische Ausstattungsstücke, darunter eine Vielzahl an barocken Epitaphien und Wappenschildern, entfernen.

Die Rothenburger Jakobskirche bewahrt trotz der Eingriffe im 19. Jahrhundert noch eine Reihe herausragender Kunstwerke.

Im Ostchor wenden wir uns zunächst dem Hochaltar zu. Im getreppten Schreingehäuse nehmen der Gekreuzigte und die vier trauernden Engel die obere Zone ein. Maria und Johannes stehen unten zu Seiten des Kreuzes. Unter Baldachinen flankieren links die Heiligen Elisabeth und Jakobus d.Ä., rechts Leonhard und Antonius die Kreuzigungsgruppe. Die Frage nach den Bildschnitzern ist bis heute offen. Vorgeschlagen wurden u.a. ein oberrheinisch geschulter Meister (Kruzifix und Engel, um 1470) sowie ein unbekannter Schüler des Ulmers Hans Multscher.

Die Flügelgemälde von 1466 schuf der gebürtige Rothenburger Friedrich Herlin. Auf den Flügelinnenseiten sind Szenen aus dem Marienleben zu sehen. Die Predella zeigt unter den Aposteln den hl. Jakobus mit seinem Attribut, der Pilgermuschel. Die Gemälde der Flügelaußenseiten stehen ganz im Zeichen des Kirchenpatrons Jakobus. Die acht Einzelbilder illustrieren Szenen aus dem Leben des Heiligen (die ersten drei Bilder oben) und das sog. Galgenwunder (fünf Bilder). In der oberen Reihe (1) Gefangennahme des Heiligen bei der Predigt, (2) Enthauptung des Jakobus, im Hintergrund die wunderbare Überführung des Leichnams in einem Nachen, (3) ein Stiergespann bringt den Leichnam des Jakobus durch ein Stadttor und weiter in den Palast der Königin Lupa, (4) Mahl der Jakobuspilger, bei dem der Wirt heimlich einen Becher in die Pilgertasche packt; in der unteren Reihe (1) die unrechtmäßige Beschuldigung des Pilgers und die Hängung des Sohnes, der sich für den Vater opfert, (2) die zurückkehrende Familie, die ihren Sohn noch lebend am Galgen vorfindet, (3) die Überführung des Wirtes, als dem Richter durch ein Wunder die gebratenen Hühner davonfliegen, (4) Abführung und Hinrichtung des verleumderischen Wirtes. Eine Besonderheit stellt die zweite Szene oben dar, die vor der historischen Kulisse des Rothenburger Marktplatzes spielt. 1582 wurden die Legendenbilder durch Martin Greulich als unzeitgemäß übermalt. 1922 konnten die hervorragend konservierten Gemälde wieder freigelegt werden.

Jakobus und Petrus aus der Predella des Hochaltars

Linker Hand, auf der Nordseite des Chors, sehen wir die Sakramentsnische, eines der Hauptbeispiele für Wandtabernakel. Oberhalb der zentralen Nische befindet sich die Darstellung der hl. Dreifaltigkeit als Gnadenstuhl, darunter in einer eigenen Zone die Szene der Grablegung Christi. Unter Baldachinen stehen auf der linken Seite Johannes der Täufer und Maria mit dem Kind, rechts Christus und Johannes der Evangelist.

Die drei Fenster des Ostchors enthalten jeweils ihre vollständige mittelalterliche Farbverglasung. Die Glasgemälde im Mittelfenster mit Szenen aus dem Leben Jesu und weissagenden Propheten stiftete der Ritter Götz Lesch von Erlbach um 1340. Das Marienfenster (li.) und das Heilig-Blutfenster (re.) sind um 1400 entstanden.

Über das Kirchenschiff verteilt befinden sich zahlreiche Steinskulpturen vor allem des 14. und 15. Jahrhunderts. Die Figur des hl. Jakobus, eine Stiftung des Heinrich Toppler um 1400, steht im südlichen Seitenschiff rechts der Ehetüre.

Der Ludwig-von-Toulouse-Altar im nördlichen Seitenschiff wurde erst 1977/81 aus über den Kirchenraum verstreuten Einzelteilen wieder zusammengesetzt. Ursprünglich stand er in der Franziskanerkirche, die die Pfarrei Sankt Jakob 1871 kaufte. Im Schrein steht die einzelne Figur des Heiligen, bei der es sich um ein Werk Tilman Riemenschneiders handelt.

Im südlichen Seitenschiff befindet sich der Mariä-Krönung-Altar. In seinen Hauptbestandteilen Schreinfiguren, Flügel und Predella wurde er aus der Spitalkirche Heilig-Geist übernommen. 1863 kombinierte man den Altar in seiner heutigen Form und versah ihn mit neugotischem Schrein und Gesprenge (heute entfernt). Im Schrein ist die Krönung Mariens durch die Trinität dargestellt, wobei sich der Künstler an Dürers Kupferstich aus dem Marienleben (1510) orientierte.

Unter den Gemälden ist die thronende Maria mit Kind, zusammen mit der hl. Barbara und der Stifterin mit ihren vier Kindern hervorzuheben; das Werk ist 1467 datiert und wird Friedrich Herlin zugeschrieben. Bemerkenswert sind die gemalten Epitaphien, die überwiegend auf das 16. Jahrhundert zurückgehen. Die Kanzel im Mittelschiff ist neugotisch.

In der Heiligblutkapelle (Obergeschoß des Westbaus) befindet sich der Heiligblutaltar Tilman Riemenschneiders. 1501 wurde er urkundlich bei „Meister Dill" bestellt, 1504 war er voll-

Pilgern - heute

Der Mensch auf seiner Wanderschaft durchs Leben ist ein uraltes und hochaktuelles Thema.

Pilgerschaft bedeutet für den Menschen heute die Suche nach dem Sinn des eigenen Lebens, das Wahrnehmen und Annehmen der eigenen Endlichkeit.

Auf der Suche nach einem Sinn fürs Leben hat sich nach der Legende ein großer, starker Mann gemacht, der später Chistophorus heißen sollte. Für ihn hat sein Leben dann einen Wert, wenn er dem wahren Herrn der Welt dient.

So kommt er zunächst an einen Königshof, dann geht er eine Weile mit dem Teufel, bis er schließlich Jesus Christus sucht, vor dem sich sogar noch der Satan fürchtet. „Wo finde ich Jesus Christus den Herrn der Welt?" fragt er einen Einsiedler. Der Mann rät ihm: „Faste und bete!" Doch das ist nicht die Stärke des Starken, und so sagt ihm der Einsiedler einen anderen Weg. „Hilf den Menschen über den Fluß." In einer stürmischen Nacht klopft dann ein Kind an seine Hütte und der Wanderstab, den ihm das Kind schenkt, schlägt aus und wird ein Baum.

Jetzt ist dieser Pilger am Ziel. Er hat seinen Ort gefunden. Er weiß er dient dem Herrn der Welt, indem er den Menschen, die ihn brauchen über den Fluß hilft. Ich denke, auch wir finden erst Ruhe, wenn wir unseren Platz im Leben gefunden haben.

Eine Aufgabe, der wir uns jeden Tag neu stellen müssen, ist: anzunehmen, daß wir sterblich sind und unser Leben ein Ende hat. Diese schlichte und harte Tatsache würden wir Menschen gerne verdrängen. Es gelingt auch für eine gewisse Zeit. Die Kirche erinnert auf vielfältige Weise daran, ganz selbstverständlich, wenn sie das Sterben Mariens im Kreise der Jünger darstellt. Sie erinnert an Sterben, indem sie mahnt durch Grabsteine und Gedenktafeln und durch Bilder des jüngsten Gerichts.

Aber sie tröstet durch Darstellungen des Kreuzes Jesu und sagt damit: Er ist vorangegangen für dich. Und mit der Darstellung von Seelen im Arm Christi bietet sie dem geängstigten Herz Bilder vom Heimkommen und von Geborgenheit.

„Ein Tag der sagt dem andern, mein Leben sei ein Wandern zur großen Ewigkeit. Oh Ewigkeit so schöne, mein Herz an dich gewöhne, mein Heim ist nicht in dieser Zeit."

Gabriele Burmann

Heiligblutaltar

endet. Das Schreingehäuse beinhaltet die szenische Figuren-
gruppe des letzten Abendmahls. Christus auf der linken Seite
reicht dem keineswegs verräterisch dargestellten Judas das Brot.
Das Motiv der Eucharistie nimmt Bezug auf die Reliquie des
Heiligen Blutes. Unter den Aposteln entdecken wir links im Hintergrund Jakobus d.Ä. mit Pilgerhut. Köpfe und Hände der Figuren sind ausdrucksstark aufeinander bezogen. Das sichtbar be-
lassene Lindenholz ist sorgfältig bearbeitet, was den Figuren die
feinmalerische Wirkung verleiht.

Das Schreingehäuse stammt vom Tischlermeister Erhart Harsch-
ner und wurde eigens nach den Wünschen Riemenschneiders gefertigt. Durch die rückwärtige Durchfensterung ergeben sich im
Laufe eines Tages wechselnde Lichteffekte. Die Flügelreliefs
zeigen den Einzug in Jerusalem (li.) und das Gebet am Ölberg
(re.). Im Gesprenge sind die Verkündigung Mariens und darüber
der Schmerzensmann zu sehen. In der Mitte befindet sich das
von Engeln gehaltene Reliquienkreuz. Die Wunderblutreliquie -
ein Leinwandfragment mit drei Tropfen des verschütteten
Meßweins - war einst in den mittleren Bergkristall eingelassen.
Das Reliquienkreuz wurde um 1270 am Oberrhein geschaffen

und ist damit das älteste, in der Rothenburger Jakobskirche verwahrte Kunstwerk.

1575 wurde das Altarwerk an den Choreingang versetzt, im 19. Jahrhundert gelangte es an das Ostende des südlichen Seitenschiffes. 1963-65 wurde der Heiligblutaltar vollständig renoviert und wieder an seinem ursprünglichen Bestimmungsort aufgestellt.

Die Skulpturen am Außenbau der Kirche sind größtenteils durch Kopien des frühen 20. Jahrhunderts ersetzt; die Originale befinden sich im Reichsstadtmuseum (ehem. Dominikanerinnenkloster). Die Weltgerichtsgruppe und die Totenleuchte (vom einstigen Friedhof) an der Ostseite des Südturms stammen aus der Bauzeit des Ostchors. Der Ölberg auf der Südseite des Chors datiert von 1450/60 und 1505/07.

Die Kirche ist tagsüber geöffnet.

In Rothenburg gibt es zahlreiche Sehenswürdigkeiten, malerische Winkel und Gassen. Allein die Stadtbefestigung mit ihren Basteien und Tortürmen ist einen ausgiebigen Bummel wert. Wer die Stadt jedoch richtig erkunden möchte, der sollte mehrere Tage hier verbringen. Ausführliche Informationen sind beim Verkehrsamt Rothenburg (Marktplatz 1) erhältlich.

Die **Schäferskirche St. Wolfgang** ist in die nördliche Klingentorbastei (am Ende der Klingengasse) einbezogen und zeigt festungsartigen Charakter. Unter ihr befinden sich Kasematten, überwölbte Räume, die gegen feindlichen Beschuß gesichert waren. Die Kirche wurde gegen Ende des 15. Jahrhunderts im Auftrag der Schäferbruderschaft errichtet. Im Rahmen der Ausstattung ist der Wolfgangsaltar im Chor von 1514 hervorzuheben. Die Malereien schuf der Rothenburger Stadtmaler Wilhelm Ziegler, die Figuren stammen aus dem Umkreis Riemenschneiders. An der südlichen Chorbogenstirnwand befindet sich der Wendelin-Altar von 1515, an der nördlichen Chorbogenstirnwand der Marienaltar (Marienstatue und Schrein 1480/90, Flügelgemälde 1515 von Wilhelm Ziegler). Das **ehem. Dominikanerinnenkloster** am Rande der westlichen Stadtmauer geht auf die Niederlassung des Ordens 1258 zurück. Noch im 15. Jahrhundert baute man an den Gebäuden des Klosters, das schließlich 1544 im Zuge der Reformation aufgehoben wurde. Die Kirche wurde 1813 zerstört, in den Klostergebäuden befindet sich heute das **Reichsstadtmuseum**. Hier werden interessante Kunstwerke in mittelalterlichem Ambiente präsentiert. Die **ehem. Franziskanerkirche Unserer Lieben Frau** liegt auf der Südseite der zentralen Herrngasse. 1309 wurde der Chor geweiht, das Langhaus war um 1330 vollendet. Der Kreuzgang, dessen östlicher Teil noch erhalten ist, wurde um 1460/70 neu errichtet. Im Zuge der Reformation hob man das Kloster 1544 auf. Im Kircheninneren trennt der Lettner am Ostende des Langhauses den Mönchschor ab. Die Malereien der Lettnerbrüstung entstanden um 1370/90. Ein Großteil der Kirchenausstattung gelangte in die Jakobskirche. Vor Ort befinden sich noch die Grabdenkmäler verschiedener Rothenburger Patrizier sowie interessante Holz- und Steinskulpturen; eine Figur des hl. Jakobus datiert aus der Mitte des 15. Jahrhunderts. Die **kath. Pfarrkirche St. Johannis** (Obere Schmiedgasse) war ehemals die Kirche des Johanniterordens, der sich 1227 in Rothenburg niederließ. Der heutige Bau entstand um die Wende des 14./15. Jahrhunderts. 1554 wurde den Johannitern die Kirche genommen. In der Folgezeit wurde sie mehrfach renoviert, ihre alte Ausstattung größtenteils entfernt. 1562 wurde die Friedhofskapelle südöstlich vor den Toren Rothenburgs geweiht. Drei Jahre zuvor war der zu klein gewordene Friedhof aus der Stadt hierher verlegt worden. Zahlreiche Epitaphien schmücken die Wände der kleinen Kapelle.

Zentrum Rothenburgs ist der **Marktplatz**. Das **Rathaus** besteht heute aus zwei parallelen Trakten unterschiedlicher Bauzeit mit Lichthöfen im Inneren. Das westliche Gebäude ist Teil des alten gotischen Rathauses, das um 1250 begonnen wurde und gegen 1400 vollendet war. Der für die Rothenburger Stadtsilhouette markante Fassadenturm erhielt erst im 16. Jahrhundert seine heutige Gestalt. Ursprünglich schloß sich östlich ein zweiter gotischer Rathaustrakt an, der auf der Rückseite des Hochaltars von St. Jakob abgebildet ist. 1501 brannte dieser gotische Ostflügel nieder und wurde erst 1572-1578 wieder aufgebaut. G. Dehio zählte den Renaissancebau zu den bedeutendsten Rathausarchitekturen Süddeutschlands. Die Arkaden zum Marktplatz hin wurden 1681 angefügt.

Dem Rathaus gegenüber, am Ende der Herrengasse, befindet sich das **ehem. Fleisch- und Tanzhaus**. Es soll nach 1240 auf dem Grund eines ersten Rothenburger Rathauses errichtet wor-

den sein, das man damals abriß. Das nördliche Ende des Marktplatzes wird von der Giebelfassade der **Ratstrinkstube** beherrscht. Das Gebäude stammt im Kern aus dem 15. Jahrhundert, die Kunstuhr von 1910 spielt den historischen „Meister-
trunk". Während des Dreißigjährigen Krieges soll der damalige
Bürgermeister Nusch die Stadt vor ihrem Eroberer Tilly bewahrt
haben, der gefordert hatte, den sog. „Willkomm"-Pokal in einem
Zug zu leeren. Nusch bewies Trinkfestigkeit und Tilly hielt sein
Versprechen.

Dort, wo die Herrngasse in den Marktplatz mündet, steht der
St. Georgsbrunnen, auch „Herterichbrunnen" genannt. 1608
noch im reinsten Renaissancestil geschaffen, zählt der Georgsbrunnen zu den qualitätvollsten Werken seiner Gattung. In Rothenburg gibt es darüber hinaus noch eine Anzahl weiterer schö-
ner Brunnen zu entdecken!

Das **alte Gymnasium**, auf der Nordseite des Ostchors von St.
Jakob gelegen, ist ein Renaissancebau Leonhard Weidmanns. Es
entstand 1589-1593, nachdem die alten Räume der städtischen
Lateinschule im ehem. Franziskanerkloster zu eng geworden
waren. Die Architektur zeigt die für den Stil typische Ausgewo-
genheit der Proportionierung sowie den charakteristischen Treppenturm mit abgeschrägten Fenstern.

Zahlreiche Wohnhäuser der Gotik und Renaissance bestimmen das Stadtbild Rothenburgs. „Ebenso findet der Heraldiker

hier seine Befriedigung, denn kaum irgendwo ist der Patriziat so eifrig gewesen, seine Häuser mit Wappen zu schmücken" (G. Dehio). Einer der malerischsten Orte der Stadt ist das sog. **Plönlein**, das Häuserensemble an zwei Straßen vom Siebersturm und Kobolzeller Tor her. Der Mauerring der Stadtbefestigung ist über einen **Wehrgang** von der nordwestlichen Klingentorbastei bis zum südöstlichen Spitaltor begehbar.

Im Südteil der Stadt, dem sog. Kappenzipfel, befindet sich das **Bürgerspital** (heute Städt. Altersheim). Um 1280 wurde es „extra muros", d.h. außerhalb der Stadtmauern errichtet; das alte Spital des Johanniterklosters scheint den Anfordernissen nicht mehr entsprochen zu haben. Das Hauptgebäude des Spitalviertels wurde 1574-1578 unter der Bauregie Leonhard Weidmanns neu errichtet. Nach seinen Plänen entstand ab 1591 auch das sog. **Hegereiterhaus** im Spitalhof. Hier wohnte einst der für den reichen Landbesitz des Bürgerspitals zuständige Aufsichtsbeamte. Das gedrungene, quaderförmige Gebäude steht in reizvollem Kontrast zum hoch aufragenden, runden Treppenturm. Die **evang.-luth. Spitalkirche zum Hl. Geist** geht noch auf die Anfänge der Spitalniederlassung zurück. Die Fenster wurden im späten 14. und frühen 15. Jahrhundert umgestaltet. 1861-1865 erfolgte eine Restaurierung unter Einfluß Karl Alexander von Heideloffs. Im Inneren ist die Sakramentsnische mit figürlichem Schmuck von 1390/1400 hervorzuheben. Durch das Spitaltor gelangt man in die **Spitalbastei** mit ihren mächtigen Rundmauern. Die Anlage, die die Südostecke der Spitalbefestigung markiert, wurde 1537 von Leonhard Weidmann geschaffen.

Mit dem Rundgang durch die romantische Altstadt von Rothenburg endet unsere Wanderung auf diesem Pilgerpfad des Jakobsweges, der uns vom Ausgangspunkt Nürnberg bzw. Stein b. Nürnberg über die Jakobskirchen in Oberweihersbuch, Heilsbronn, Weihenzell, Häslabronn bis zu unserem Ziel an der Tauber geführt hat.

Der Bahnhof in Rothenburg (über Rödergasse, Rödertor und Ansbacher Straße erreichbar) gibt die Möglichkeit, mit dem Zug nach Nürnberg zurückzukommen.

Literaturhinweise

Jakobswallfahrt in Deutschland allgemein

Deutsche Jakobspilger und ihre Berichte, hrsg. v. Klaus Herbers, Tübingen 1988 (Jakobus-Studien. 1).

Graf, Bernhard G. u. Hans-Günther Kaufmann, Auf Jakobs Spuren in Bayern, Österreich und in der Schweiz, Rosenheim 1993.

Hell, Vera u. Hellmut, Die große Wallfahrt des Mittelalters. Kunst an den romanischen Pilgerstraßen durch Frankreich und Spanien nach Santiago de Compostela. Mit einer Einführung von Hermann J. Hüffer, Tübingen 1964.

Herbers, Klaus, Deutschland und der Kult des hl. Jakobus.- In: Yves Bottineau, Der Weg der Jakobspilger, Geschichte, Kunst und Kultur der Wallfahrt nach Santiago de Compostela, Bergisch Gladbach 1992, S. 312–343.

Hüffer, Hermann J., Die spanische Jacobusverehrung in ihren Ausstrahlungen auf Deutschland.- In: Historisches Jahrbuch im Auftrage der Görres-Gesellschaft 74 (1955), S. 124-138.

Hüffer, Hermann J., Sant-Jago. Entwicklung und Bedeutung des Jacobuskultes in Spanien und dem Römisch-Deutschen Reich, München 1957.

Lipp, Wolfgang, Der Weg nach Santiago. Jakobuswege in Süddeutschland, Ulm 1991.

Die Kunstdenkmäler entlang des Weges in Gesamtdarstellungen

Bayerische Kunstdenkmale, Kurzinventare: Stadt und Landkreis Ansbach, bearb. v. Günter P. Fehring (1958); Landkreis Nürnberg, bearb. v. August Gebessler (1961); Stadt und Landkreis Fürth, bearb. v. August Gebessler (1963); Landkreis Rothenburg ob der Tauber, bearb. v. Hans Karlmann Ramisch (1967).

Dehio, Georg, Handbuch der deutschen Kunstdenkmäler, Bayern I: Franken, neubearb. v. Tilman Breuer, Friedrich Oswald, Friedrich Piel u.a., München 1979.

Kolb, Karl, Wehrkirchen, Kirchenburgen in Franken, Würzburg 1977.

Raschzok, Klaus, Lutherischer Kirchenbau und Kirchenraum im Zeitalter des Absolutismus. Dargestellt am Beispiel des Markgrafentums Brandenburg-Ansbach 1672-1791, Frankfurt a. M. 1988.

Schelter, Alfred, Der protestantische Kirchenbau des 18. Jahrhunderts in Franken, Kulmbach 1981.

Zöller, Edmund, Fränkische Wehrkirchenstraße vom Rangau zum Steigerwald, Uffenheim 1992.

Zöller, Edmund, Fränkische Wehrkirchen im Rangau und im Knoblauchsland. Fränkische Wehrkirchenstraße Teil 2, mit Fotos von Dieter Dietrich, Uffenheim 1993.

Jakobswallfahrt in Franken

Jakobus in Franken - unterwegs im Zeichen der Muschel, hrsg. v. Klaus-D. Kniffki, Würzburg 1992.

Kolb, Karl, Heiliges Franken, Würzburg 1973, S. 148-149 (St.-Jakobs-Wallfahrt - Jakobsstraßen).

Plötz, Robert, Santiago-peregrinatio und Jacobus-Kult mit besonderer Berücksichtigung des deutschen Frankenlandes.- In: Spanische Forschungen der Görres-Gesellschaft I, 31 (1984), S. 24-135; bes. S. 60ff.

Für die einzelnen Ortschaften und ihre Kunstdenkmäler wurden verschiedene, themenbezogene Schriften verwendet; für Baugeschichte und Ausstattung einzelner Kirchen waren die Kirchenführer des Verlages Schnell&Steiner hilfreich. Für ihre Unterstützung sei den Herren Claus Broser (Leutershausen), Ekkehart Tittmann (Rothenburg) sowie den Pfarrern der am Weg liegenden Jakobskirchen gedankt.

Nachweis der Abbildungen

Michail Mischustov: Seite 10, 39, 44, 52, 54, 67, 75, 77,
Christian Neumeister: Seite 25, 35, 47, 50, 84, 86, 88, 97, 99
Johannes Pötzsch, Buch am Wald: Seite 105
Wolfram Unger: Seite 63
Sonstige: F. Seehars
Germanisches Natinalmuseum Nürnberg, Depositum der F. von Praun'schen Familienstiftung: Seite 12, 17

Umschlag-Vorderseite: Am Münster in Heilsbronn
Umschlag-Rückseite: Jakobus aus dem Heilsbronner Münster; Foto: Oberfr. Ansichtskartenverlag, Bayreuth

Register der Orte am mittelfränkischen Jakobsweg;

in Klammern: jeweilige Gemeinde, zu der der Ort gehört